F. Foltz, H. Neuhaus, Ph. Querbach

Praxistraining Kaufmännische Berufe

Stam 1682.

 **www.stam.de**

Stam Verlag
Fuggerstraße 7 · 51149 Köln

ISBN 3-8237-**1682**-4

Vorwort

Die Fähigkeit, sich in beruflichen und privaten Gesprächen und Redesituationen verständlich aus-zudrücken, ist von grundlegender Bedeutung. Im Gegensatz dazu steht im Deutschunterricht im-mer noch die Auseinandersetzung mit der Schriftsprache im Vordergrund. Das vorliegende Lehr-buch behandelt deshalb die mündliche Kommunikation.

Sie lernen unter anderem:
- die Bedeutung der Körpersprache richtig einzuschätzen,
- eine Rede zu planen und vorzutragen,
- ein Gespräch strategisch und partnerorientiert zu führen,
- für Ihre Reden und Gespräche kreativ Ideen zu sammeln,
- Ihre Ausführungen mit modernen Techniken zu veranschaulichen.

Dabei gehen wir von dem Grundsatz aus: „Sprechen lernt man nur durch Sprechen." Deshalb sind die einzelnen Kapitel so angelegt, dass Sie auch selbst sprechen müssen.

Jedes Kapitel hat folgende Struktur:

- Situation

- Handlungsauftrag

- Information

- Training

- Weiterführende Literatur

Ausgangspunkt ist eine praxisorientierte Situation, die durch mündliche Sprachhandlungen be-wältigt werden muss. Der Informationsteil vermittelt Ihnen die dafür erforderlichen Kenntnisse. Die sich anschließenden Aufgaben bieten zahlreiche und vielfältige Anregungen, Ihr Sprechverhalten zu trainieren. Zum Schluss eines jeden Kapitels finden Sie gezielte Hinweise darauf, wo Sie sich über die zuvor behandelten Aspekte mündlicher Kommunikation näher informieren können. Abschließend noch ein Hinweis:

Wir wollen Ihnen das Lesen nicht durch Doppelbezeichnungen (z. B. Sprecherin/Sprecher) er-schweren. Deshalb wechseln wir bewusst zwischen weiblichen und männlichen Formen. In allen Fällen ist die jeweils andere Geschlechtsgruppe in gleicher Weise mitgedacht und angesprochen.

Wir wünschen Ihnen viel Freude und Erfolg bei der Arbeit mit diesem Buch.

Köln, im Mai 1999

Inhaltsverzeichnis

I "Ich kann Sie gut verstehen."
Grundlagen einer erfolgreichen Kommunikation

1.1 Kommunikation als komplexer Prozess

Situation

Eine Auszubildende ist seit mehreren Wochen in der Registratur beschäftigt und wendet sich an ihre Ausbildungsleiterin. Sie möchte bald in eine andere Abteilung versetzt werden.

Auszubildende: Frau Mertens, ich bin nun seit vier Wochen in der Registratur beschäftigt und möchte endlich in eine Abteilung, in der ich mehr lerne, damit ich meine Prüfung bestehe.

Ausbildungs-
leiterin: Nun regen Sie sich mal nicht auf. Sie sind ja bisher plangerecht versetzt worden.

Auszubildende: Nicht ganz. Ich habe auch den langweiligen Job in der Buchhaltung über sechs Wochen machen müssen.

Ausbildungs-
leiterin: Das stimmt nicht. Sie waren nur fünf Wochen in der Buchhaltung. Wenn außerdem die Buchhaltung für Sie langweilig ist, dann haben Sie den falschen Beruf gewählt. Vielleicht sind Sie auch in der falschen Firma.

Auszubildende: Ich glaubte damals, eine richtige Entscheidung getroffen zu haben.

Ausbildungs-
leiterin: (schweigt)

**Handlungs-
auftrag**

1. Spielen Sie in Ihrer Lerngruppe den obigen Dialog mit verteilten Rollen nach. Bringen Sie dabei auch eine angemessene Emotionalität der beiden Personen zum Ausdruck.

2. Was würden Sie am Gesprächsverhalten ändern, wenn Sie die Auszubildende oder die Ausbildungsleiterin wären? Welche Bedeutung kann das Schweigen der Ausbildungsleiterin haben?

3. Spielen Sie den Dialog mit geändertem Gesprächsverhalten nach.

4. Informieren Sie sich mit Hilfe des folgenden Informationsteils über die Grundlagen der Kommunikation. Analysieren Sie mit diesem Hintergrundwissen noch einmal den obigen Gesprächsausschnitt.

5. Berichten Sie in Ihrer Lerngruppe über Erfahrungen mit Gesprächssituationen, in denen die verschiedenen Seiten einer Nachricht von den Beteiligten unterschiedlich wahrgenommen wurden.

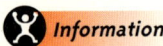
Information

Sie kommunizieren immer.

1. Sie können nicht *nicht kommunizieren*

Auch wenn Sie nicht sprechen, drücken Sie damit etwas aus. Sie kennen das „beredte Schweigen". Damit ist gemeint, dass Sie sich auch durch Schweigen mitteilen können.

Beispiel:
Wenn Sie zu Ihrer Vorgesetzten ins Büro kommen und „Guten Morgen" sagen, diese aber nicht antwortet, dann kann das verschiedene Gründe haben:
- *Ihre Vorgesetzte hört den Gruß nicht, weil Sie zu leise gesprochen haben oder Maschinengeräusche zu laut sind.*
- *Ihre Vorgesetzte nimmt den Gruß akustisch nicht wahr, weil Sie gerade auf eine Sache konzentriert ist.*
- *Ihre Vorgesetzte will Ihnen mitteilen, dass sie nicht gestört werden will.*
- *Ihre Vorgesetzte will zum Ausdruck bringen, dass sie gerade mit Ihnen persönlich nicht reden will.*
- *U. a.*

So gehen auch von einer scheinbaren Nicht-Reaktion Botschaften aus, die Sie im Folgenden näher kennen lernen.

2. Sie senden mit jeder Äußerung vier Botschaften

An einem kommunikativen Vorgang sind Sie entweder als Sprecher oder als Hörer beteiligt. Als Sprecher wählen Sie für Ihre Nachricht bestimmte Wörter und Sätze. Als Hörer müssen Sie Wörter und Sätze eines anderen zutreffend verstehen, damit eine Verständigung gelingt.
Sie kennen das: Manchmal kommt Ihre Aussage beim Hörer nicht so an, wie Sie sie gemeint haben. Dies liegt daran, dass Ihre Nachricht stets viele Botschaften enthält.
Deshalb ist der Vorgang der zwischenmenschlichen Kommunikation so kompliziert und störanfällig[1].

---

[1] *Vgl. S. 17 ff.*

Sie müssen vier Seiten einer Nachricht unterscheiden.

Die Botschaft der Information – oder: Welche sachliche Information geben Sie?

Zunächst enthält jede Ihrer Aussagen eine Sachinformation. Sie wollen Ihren Gesprächspartner informieren.

1. Botschaft: Sache

Beispiel:

In der vorab beschriebenen Situation teilt die Auszubildende ihrer Ausbildungsleiterin mit, dass sie seit vier Wochen in der Registratur beschäftigt ist.

Die Botschaft der Selbstmitteilung – oder: Was teilen Sie über sich selbst mit?

In jeder Ihrer Aussagen sind auch Elemente enthalten, die etwas über Ihre Person mitteilen. Ihr Gesprächspartner erfährt z. B. zwangsläufig etwas über:

2. Botschaft: Ich

- Ihren Informationsgrad,
- Ihre innere und äußere Befindlichkeit,
- Ihre Sprache (Wortschatz, Stil, Ausdruck, Lautstärke u. a.),
- Ihre Körpersprache (Gestik, Mimik, Körperhaltung u. a.).

Beispiel:

In der obigen Situation äußert die Auszubildende ihre Verärgerung und ihre Befürchtung, die Prüfung nicht zu bestehen. Sie vermittelt auch ihr Selbstbewusstsein.

Die Botschaft der Beziehung – oder: Was bringen Sie über Ihr Verhältnis zum Gesprächspartner zum Ausdruck?

In jeder Ihrer Aussagen machen Sie auch deutlich, wie Ihre Beziehung zum Gesprächspartner ist. Sie dokumentieren dies z. B. durch:

3. Botschaft: Du und wir

- Ihre Art und Weise der Formulierung,
- Ihren Tonfall,
- Ihre Körpersprache (wegwerfende Handbewegung u. a.).

Beispiel:

In der obigen Situation teilt die Ausbildungsleiterin durch ihre Aussage „Nun regen Sie sich mal nicht auf." mit, dass sie sich in einer Vorgesetzten-Position befindet. Dies erlaubt ihr, die Äußerung der Auszubildenden geringschätzig zu kommentieren.

Die Botschaft des Appells – oder: Was möchten Sie bei Ihrem Gesprächspartner erreichen?

4. Botschaft:
Ziel

Als Sprecher haben Sie immer ein Ziel im Auge. Mit Ihren Aussagen möchten Sie Einfluss auf Ihren Gesprächspartner nehmen. Sie wollen ihn veranlassen, bestimmte Handlungen vorzunehmen oder zu unterlassen. Oder er soll bestimmte Standpunkte übernehmen bzw. aufgeben.

Beispiel:
In der obigen Situation appelliert die Auszubildende an ihre Ausbildungsleiterin, sie in eine andere Abteilung zu versetzen.

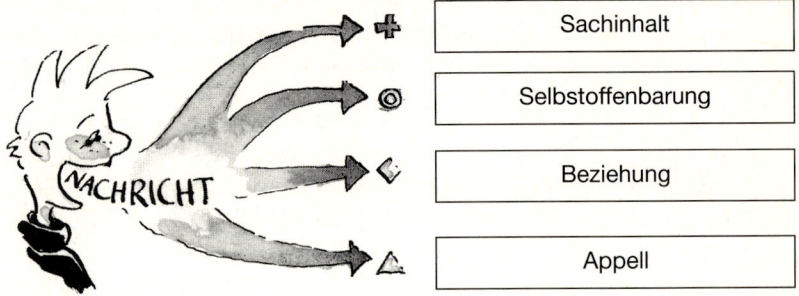

Sachinhalt
Selbstoffenbarung
Beziehung
Appell

3. Sie empfangen mit jeder Äußerung vier Botschaften

Als Hörer sind Sie ein „vierfacher Empfänger".

Bedenken Sie: Nicht nur Sie, sondern auch Ihr Gesprächspartner übermittelt mit jeder seiner Aussagen die vier Botschaften.
Für Sie als Hörer bedeutet dies, dass Sie in einem Gespräch mit vier Ohren hören, um die Botschaften Ihres Partners zu entschlüsseln.

Ihr Sach-Ohr

Immer schön sachlich bleiben?

Hören Sie mit Ihrem Sach-Ohr nur dann, wenn es wirklich um die Sache und nicht um emotionale und zwischenmenschliche Konflikte geht. Machen Sie nicht den Fehler, z. B. Beziehungsprobleme auf der Sachebene lösen zu wollen.

Ihr Selbstmitteilungs-Ohr

„Hören" Sie auch die Gefühle Ihres Gesprächspartners.

Mit diesem Ohr nehmen Sie die Gefühle und Zustände Ihres Gesprächspartners wahr. Wenn Sie über ein ausgeprägtes Selbstmitteilungs-Ohr verfügen, ist das für Ihre zwischenmenschliche Verständigung von Vorteil. Sie verstehen Ihren Gesprächspartner besser. Seien Sie auf diesem Ohr also nicht taub.

Ihr Beziehungs-Ohr

Beziehen Sie nicht alles auf sich.

Mit diesem Ohr interpretieren Sie Aussagen Ihres Gesprächspartners im Hinblick auf ihre wechselseitige Beziehung. Achten Sie darauf, dass Ihr Beziehungs-Ohr nicht übersensibel reagiert. Interpretieren Sie z. B. in sachlich gemeinte Aussagen nicht persönliche Angriffe, Herabsetzungen oder Bevormundungen hinein.

Ihr Appell-Ohr

Mit diesem Ohr nehmen Sie Aufforderungen und Erwartungen an Ihre Person wahr. „Zügeln" Sie aber Ihr Appell-Ohr. Versuchen Sie nicht, es allen recht zu machen und auch unausgesprochenen Erwartungen gerecht zu werden. Es besteht dann die Gefahr, dass Sie Ihre eigenen Wünsche und Bedürfnisse außer Acht lassen. Außerdem verführt Ihr extremes Appell-Ohr Sie dazu, Ihrem Gesprächspartner ständig Berechnung und Manipulation zu unterstellen. Die Kommunikation wird unausgewogen.

Vermeiden Sie einen vorauseilenden Gehorsam.

Viele Missverständnisse und Konflikte entstehen dadurch, dass Ihnen „Hörfehler" unterlaufen. Sie hören z. B. nicht mit allen Ohren, „sperren" eins der vier Ohren besonders „auf" oder hören mit einem Ohr Unzutreffendes heraus[1].

Sie hindern sich oft selbst, richtig zu hören, da Sie bestrebt sind, in einem Gespräch Ihre Meinung durchzusetzen. Noch während Ihr Gesprächspartner spricht, formulieren Sie in Gedanken Ihre Antwort und hören nicht mehr aufmerksam zu. Die Folge ist: Sie liefern sich einen „destruktiven" Schlagabtausch von Argumenten, ohne aufeinander einzugehen.

Merke:

Hören Sie richtig zu.

- Bemühen Sie sich um ein echtes Interesse an Ihrem Gesprächspartner.
- Lassen Sie ihm Zeit, seine Gedanken zu formulieren.
- Vermitteln Sie ihm auch non-verbal, dass Sie zuhören (z. B. Kopfnicken).
- Achten Sie auf seine „Ich-Botschaften".
- Nehmen Sie nicht alles persönlich.
- Achten Sie auf Appelle.
- Überprüfen Sie gegebenenfalls Ihre Wahrnehmung, z. B. „Habe ich das richtig verstanden, dass Sie das Gefühl haben,...

---

[1] Vgl. S. 17 ff.

 **Training**

1. Analysieren Sie mit folgenden Leitfragen die Botschaften in den unten stehenden Äußerungen.

   ● Was sagt der Sprecher objektiv als Tatsache, Behauptung oder Meinung aus?
   ● Was sagt der Sprecher über seine Person, seine Befindlichkeit?
   ● Wie sieht der Sprecher seine Beziehung zum Hörer?
   ● Was will der Sprecher beim Hörer erreichen?

2. Formulieren Sie die Äußerungen um, so dass jeweils eine andere Botschaft dominiert.

3. Formulieren Sie in direkter Rede mögliche Antworten auf die folgenden Äußerungen. Formulieren Sie zu jeder Äußerung mehrere Antworten, mit denen Sie jeweils auf eine andere Botschaft reagieren.

Äußerungen:		
a)	Lehrerin zu einem Schüler:	„Sie haben keine Hausaufgaben gemacht."
b)	Lehrer während des Unterrichts zur Klasse:	„Ich habe keine Kreide."
c)	Schüler angesichts eines offenen Fensters:	„Ich friere."
d)	Ausbilderin zum Azubi, der zu spät kommt:	„Kommen Sie schon wieder zu spät?"
e)	19-jähriger, der 3.000,00 DM für ein Auto benötigt, zum Vater:	„Ich brauche 3.000,00 DM für ein Auto."
f)	Klassensprecher zum Lehrer:	„Der Unterrichtsstoff der vorigen Stunde war viel zu schwierig. Die meisten haben nichts verstanden."
Zwei Schülerinnen sind mit der Benotung ihrer Arbeit nicht einverstanden.		
g)	Schülerin A zur Lehrerin:	„Sie haben meine Arbeit unterbewertet. Sie haben die Gliederung bei der Bewertung nicht berücksichtigt. Dabei habe ich Ihre Hinweise aus dem Unterricht besonders beachtet. Sehen Sie die Arbeit noch einmal durch."
h)	Schülerin B zur Lehrerin:	„Ich habe den Eindruck, dass meine Arbeit unterbewertet ist. Gerade bei der Gliederung habe ich die Hinweise aus dem Unterricht besonders beachtet. Ich wäre froh, wenn Sie meine Arbeit noch einmal durchsehen könnten."

Zwei Lehrer reagieren auf die Beschwerde von Schülern.		
i)	Lehrer A zum Schüler:	„Sie sind der Einzige, der sich immer beschwert. Außerdem war Ihre vorige Arbeit ja auch nicht besser. Sehen Sie sich meine Korrektur noch einmal an und dann können Sie wiederkommen."
j)	Lehrer B zum Schüler:	„Ich finde es richtig, dass Sie zu mir kommen. Wenn man eine Fülle von Korrekturen hat, kann es sein, dass man Einzelheiten schon mal übersieht. Ich gehe Ihre Arbeit noch einmal durch."

Handlungs-auftrag

4. Trainieren Sie in Ihrer Lerngruppe mit Hilfe der Übung „Kontrollierter Dialog" Ihre Fähigkeit, zuhören zu können[1].

5. Welche Botschaften werden in dem folgenden Comic gesendet bzw. empfangen?

Hier können Sie sich weitergehend informieren:

Literatur

Schulz von Thun, Friedemann: Miteinander reden. Band 1. rororo. Reinbek 1998

Watzlawick, Paul/Beavin, Janet, Jackson, Don D.: Menschliche Kommunikation. 9. Auflage. Bern/Stuttgart 1996

---

[1] Vgl. S. 85 f.

1.2   Körpersprache

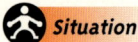 **Situation**

Sie nehmen an einem Rhetorik-Seminar teil. Zum Einstieg in die Thematik „Körpersprache" präsentiert die Trainerin die folgenden Fotos:

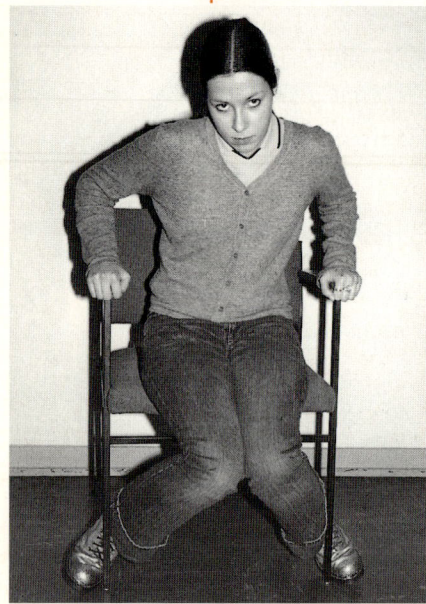

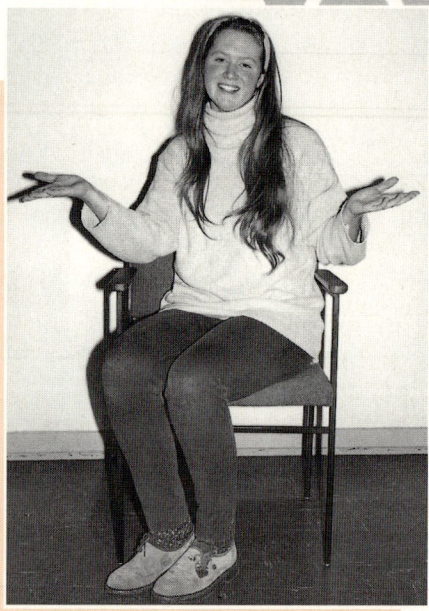

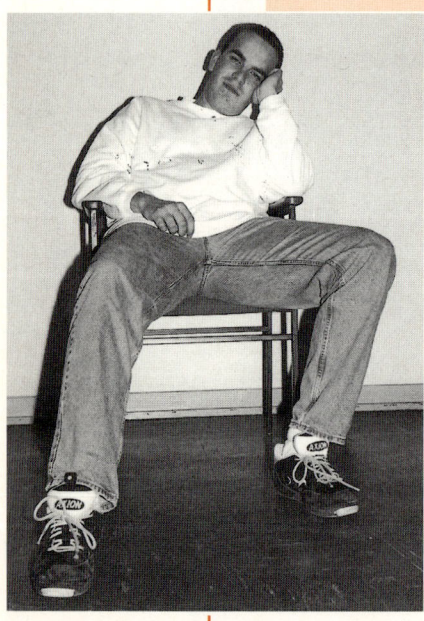

**Handlungs-
auftrag**

1. Erarbeiten Sie sich mit Hilfe des folgenden Informationsblocks zentrale Aspekte der Körpersprache.

2. Welche Informationen übermitteln Ihnen die abgebildeten Personen auf den vier Fotos? Durch welche konkreten körpersprachlichen Zeichen werden Ihnen diese Informationen jeweils deutlich?

3. Sammeln Sie im Gespräch weitere Ihnen bekannte körpersprachliche Zeichen mit ihrer jeweiligen Bedeutung.

4. Deuten Sie die körpersprachlichen Zeichen einzelner Mitglieder Ihrer Lerngruppe. Nehmen Sie dabei unbedingt Rücksicht auf die Gefühle des anderen.

5. Geben Sie selbst (eindeutige) körpersprachliche Zeichen und lassen Sie diese von der Gruppe deuten.

1. Erkennen Sie die Bedeutung der Körpersprache

Schätzen Sie die Wichtigkeit körpersprachlicher Zeichen im Umgang mit anderen Menschen richtig ein.

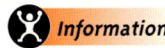
Information

- Ihr erster Kontakt mit einem anderen Menschen ist immer ein visueller (Ausnahme: Telefon).
- In einem Gespräch geben und empfangen Sie zwischen 60 und 80 % der Informationen durch körpersprachliche Zeichen.
- Mit körpersprachlichen Zeichen unterstützen Sie Ihr gesprochenes Wort.
- Insbesondere Ihre innere Befindlichkeit spiegelt sich in körpersprachlichen Zeichen wider.
- Sie verstehen sich selbst und andere besser, wenn Sie auch die Körpersprache beherrschen.

Ihr Körper lügt nicht.

2. Was Sie sich unter Körpersprache vorstellen müssen

Jede bewusste oder unbewusste Bewegung Ihres Körpers oder eines Körperteils, mit der Sie anderen etwas mitteilen, gehört zur Körpersprache. Ihre Körpersprache ist eine Zeichensprache. Sie übermitteln Ihre körpersprachlichen Zeichen durch:

- Ihre Mimik,
- Ihre Gestik,
- Ihre Körperhaltung,
- Ihr äußeres Erscheinungsbild.

„Sie reden mit Händen und Füßen."

Während Sie sprechen, sendet auch Ihr Körper „Signale" über Ihre innere Befindlichkeit. Stehen Ihre sprachlichen Äußerungen im Widerspruch zu diesen „Signalen", wird Ihr Gesprächspartner diesen Unterschied relativ schnell wahrnehmen. Es besteht die Gefahr, dass Sie als verschlossen, unehrlich oder verklemmt eingeschätzt werden. Sorgen Sie deshalb für Kongruenz zwischen körperlichem und sprachlichem Ausdruck. Sprechen Sie z. B. keine Anerkennung mit neidischem Gesichtsausdruck aus[1].

„Der Körper ist der Handschuh der Seele."
(Samy Molcho)

---

[1] Vgl. S. 18

3. Wie Sie körpersprachliche Zeichen deuten können

Körpersprache ist Ihre ursprüngliche Sprache. Die Bedeutung vieler Körpersignale ist Ihnen bekannt, z. B. Abwertung einer Person oder Sache durch eine wegwerfende Handbewegung. Über den Inhalt anderer körpersprachlicher Zeichen müssen Sie sich erst bewusst werden.

Gedanke und Körper sind untrennbar miteinander verbunden.

Zeichen der Körpersprache	Was sie bedeuten können
Mimik	
Zugekniffene Augen	Abwehr, Unlust
Häufiges Wegsehen	Unsicherheit, mangelnde Sympathie
Waagerechte Stirnfalten	Erstaunen, Überraschung, Angst
Senkrechte Stirnfalten	Konzentration, Ärger
Überwiegend zugekniffener Mund	Zurückhaltung, Kontaktarmut, Zorn
Angehobener Mundwinkel	Arroganz, Überlegenheit
Geöffneter Mund	Erstaunen, Bereitschaft, etwas zu sagen, mangelnde Selbstkontrolle
Gestik	
Hand vor dem Mund (nach dem Reden)	Erstaunen über die eigene Aussage
Hand vor dem Mund (beim Reden)	Unsicherheit
Regelmäßiges Anfassen der Nase oder Haare	Nachdenken, kritische Haltung, Verlegenheit
Regelmäßiges Zupfen am Ohr	Verlegenheit, Unbehagen
Spielen mit den Händen/Trommeln mit den Fingern	Nervosität, Erregung, Ungeduld
Mit den Füßen wippen	Ungeduld, Aggressivität
Körperhaltung/äußeres Erscheinungsbild	
Steife militärische Körperhaltung	Unterdrückung von Ängsten
Parfümierte Körperteile	Werbung

Seien Sie grundsätzlich zurückhaltend bei der Deutung körpersprachlicher Zeichen. Um Fehlinterpretationen zu vermeiden, sollten Sie immer bedenken:

● In Ausnahmesituationen reagiert Ihr Gesprächspartner oft untypisch.

● Auf der Basis eines einzelnen körpersprachlichen Signals sollten Sie keine übereilte Deutung vornehmen. Achten Sie stets darauf, dass mehrere Zeichen in dieselbe Richtung weisen.

● Deuten Sie keine krankheitsbedingten körpersprachlichen Phänomene.

1. Welch enger Zusammenhang zwischen Körper und Seele besteht, erkennen Sie an den sogenannten psychosomatischen Redensarten.

   Beispiel *(aus dem Bereich Atmung): mir bleibt die Luft weg; mir stockt der Atem; da muss ich erst einmal Luft holen; man spürt eine atemberaubende Spannung; es herrscht eine erstickende Atmosphäre.*

   Suchen Sie selbst solche Redensarten zu „Nase und Geruch", „Herz", „Magen", „Hals", „Verdauungsorganen", „Kleidung/Schuhe". Deuten Sie diese Redensarten.

2. Menschen haben unterschiedliche Temperamente. Die folgenden Fotos zeigen vier Grundtypen.

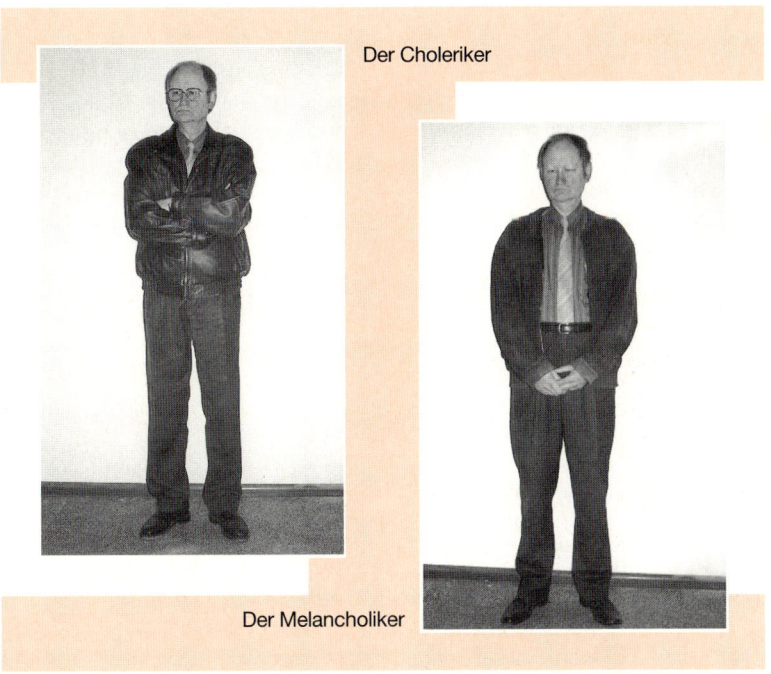

Der Choleriker

Der Melancholiker

Der Phlegmatiker

Der Sanguiniker

a) Charakterisieren Sie diese Grundtypen anhand ihrer körpersprachlichen Signale (Mimik, Gestik, Körperhaltung, äußeres Erscheinungsbild).

b) Welche Antworten könnten die vier Charaktere jeweils auf folgende Fragen geben?
   ● Wie haben Sie sich heute bei Ihrer Arbeit gefühlt?
   ● Was unternehmen Sie heute Abend?

c) Stellen Sie nach Ihrer Wahl aus dem Stegreif einen der Charaktere dar. Ihre Darstellung gewinnt, wenn Sie dabei sprechen und sich eine der folgenden Situationen vorstellen:
   ● Sie werden von einem Freund oder einer Freundin ins Kino eingeladen.
   ● Sie kommen zu spät zu einer Verabredung und werden von Ihrem wartenden Freund begrüßt.
   ● Sie haben in einem Restaurant ein Essen bestellt. Der Kellner bringt die Suppe. Als Sie gerade den ersten Löffel genommen haben, entdecken Sie ein Haar in der Suppe.

 **Literatur**

Hier können Sie sich weitergehend informieren:

Fast, Julius: Körpersprache. rororo. Reinbek 1997
                  Körpersprache im Beruf. 2. Auflage. Econ Verlag. Düsseldorf 1997

Molcho, Samy: Körpersprache. Mosaik Verlag. München 1983
                  Körpersprache als Dialog. Mosaik Verlag. München 1988
                  Körpersprache im Beruf. Mosaik Verlag. München 1996

1.3 Kommunikationsstörungen

 *Situation*

Sie sind Teilnehmer an einem Rhetorik-Seminar. Die Trainerin führt mit Ihnen die Trainingseinheit „Bild-Post" durch.

Trainingsmodul „Bild-Post" – so funktioniert es:

Material:

● Ein Bild mit möglichst vielen Einzelheiten
● Stoppuhr

Ablauf:

● Ca. 6 Personen der Lerngruppe verlassen den Raum.
● Trainerin zeigt den zurückgebliebenen Teilnehmern das Bild.
● Beobachtungszeit: ca. 3 Minuten
● Trainerin verdeckt das Bild nach der Beobachtungszeit.
● Ein erster Teilnehmer (A), der den Raum verlassen hat, wird hereingeholt.
● Ein Teilnehmer, der das Bild betrachten konnte, beschreibt diesem das Bild.
● Ein zweiter Teilnehmer (B), der den Raum verlassen hat, kommt zurück.
● Teilnehmer A gibt an Teilnehmer B die empfangene Bildbeschreibung weiter, wobei Teilnehmer B nachfragen darf.
● Usw. bis die Bildbeschreibung an den letzten Teilnehmer, der das Bild nicht betrachten konnte, weitergegeben worden ist.
● Die anderen Mitglieder der Lerngruppe beobachten den Vorgang der Informationsübermittlung.

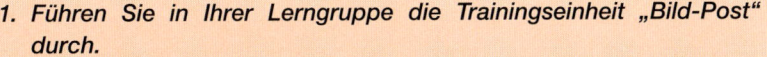

 *Handlungs-auftrag*

1. *Führen Sie in Ihrer Lerngruppe die Trainingseinheit „Bild-Post" durch.*

2. *Informieren Sie sich im folgenden Informationsblock über Kommunikationsstörungen. Werten Sie mit diesem Hintergrundwissen die Übung aus. Gehen Sie insbesondere auf folgende Fragen ein:*
   ● *Worauf kommt es bei dieser Übung an?*
   ● *Welche Abweichungen haben sich bei der Weitergabe der Informationen ergeben?*
   ● *Wie ist es zu den Abweichungen gekommen?*

1. Wie Sie Kommunikationsstörungen vermeiden

 **Information**

Wenn Sie den Eindruck haben, dass die Verständigung zwischen Ihnen und Ihrem Gesprächspartner nicht reibungslos funktioniert, dann kann die Störung auf jeder der vier Ebenen (Sache, Selbstmitteilung, Beziehung, Appell)[1] vorliegen.

Vermeiden Sie Störungen auf der Sachebene

3 Gütekriterien: Einfachheit, Übersichtlichkeit, Prägnanz

Sorgen Sie für die Verständlichkeit der Sachinhalte.

- Benutzen Sie nur Fachausdrücke, die Ihr Gesprächspartner versteht.
- Geben Sie Informationen präzise wieder.
- Bilden Sie verständliche Sätze (Satzaufbau, Satzlänge).
- Gliedern Sie Ihre Gedanken nachvollziehbar.

Vermeiden Sie Störungen auf der Selbstmitteilungsebene

Imponieren Sie nicht unfair, verschleiern Sie sich nicht mit Masken.

In Gesprächen teilen Sie Vielfältiges über Ihre Person mit. Einiges wollen Sie bewusst herzeigen (Selbstdarstellung), anderes verraten Sie ungewollt (Selbstenthüllung). Es kann dabei zu Störungen kommen, wenn Sie in einem möglichst „günstigen Licht erscheinen" wollen oder wenn Sie etwas verbergen wollen.

- Geben Sie nicht an, um den Gesprächspartner einzuschüchtern.
- „Fischen" Sie nicht nach Komplimenten.
- „Mauern Sie keine Fassaden".
- Teilen Sie Ihre Befindlichkeit ehrlich mit.
- Achten Sie auf eine Übereinstimmung zwischen Ihrer Gefühlslage und Ihren verbalen und non-verbalen Äußerungen (Kongruenz).

Vermeiden Sie Störungen auf der Beziehungsebene

Es ist möglich, auch einem Gegner Wertschätzung entgegenzubringen.

Vielleicht haben auch Sie die Erfahrung gemacht: Die meisten Kommunikationsstörungen betreffen die Beziehungsebene. Achten Sie deshalb besonders auf Ihr konkretes Verhalten und Ihre allgemeine Haltung gegenüber Ihrem Gesprächspartner.

- Akzeptieren und respektieren Sie Ihren Gesprächspartner.
- Hören Sie mit allen „vier Ohren" gut zu.
- Sorgen Sie dafür, dass auch der andere einen Nutzen aus dem Gespräch ziehen kann.
- Bevormunden Sie ihn nicht durch ständige Ratschläge, Vorgaben, Fragen.
- Suchen Sie mit ihm gemeinsam nach Lösungen.
- Lassen Sie ihn selbst entscheiden.

---

[1] *Vgl. S. 6 ff.*

Vermeiden Sie Störungen auf der Appellebene

Sie kennen das sicher: Sie appellieren gut gemeint an einen anderen, doch aus Trotz handelt er genau entgegengesetzt. Achten Sie deshalb auf die Art und Weise, wie Sie Appelle formulieren.

Achtung: Fehler hinsichtlich Art und „Melodie" eines Appells bewirken leicht das Gegenteil des eigentlich Gewollten.

- Verlangen Sie nicht, bitten Sie um etwas.
- Vermeiden Sie einen barschen Befehlston.
- Begründen Sie Ihre Wünsche.
- Drücken Sie Appelle auch als solche aus.

2. Sprechen Sie über Kommunikationsstörungen

Wenn Sie Störungen in der Kommunikation feststellen, sprechen Sie mit Ihrem Gesprächspartner darüber. Nur dann können Sie die Störungen beseitigen. Das Gespräch über Kommunikation heißt Metakommunikation.

Im Rahmen der Metakommunikation können Sie die Technik des Feed-back einsetzen. Bei einem Feed-back geben Sie einem Gesprächspartner eine Rückmeldung bezüglich seines Gesprächsverhaltens. Sie bestärken den anderen in positiven Verhaltensweisen, machen bei Bedarf aber auch Verbesserungsvorschläge.

Wie Sie bei einem Feed-back vorgehen

- Geben Sie nur ein Feed-back, wenn der andere bereit ist, es aufzunehmen.
- Beschreiben Sie, was Sie beobachtet haben, bewerten Sie nicht.
- Beschränken Sie sich auf wesentliche Aspekte.
- Beziehen Sie sich auf konkrete Einzelheiten, vermeiden Sie allgemeine Feststellungen.
- Schlagen Sie Verhaltensalternativen vor.
- Verletzen Sie nie das Selbstwertgefühl des anderen.
- Sagen Sie deutlich, dass Sie sich irren können.

Mit einem Feed-back üben Sie konstruktiv Kritik.

Sie nehmen ein Feed-back entgegen

- Prüfen Sie, ob Sie für ein Feed-back bereit sind.
- Seien Sie für jedes ehrliche und fundierte Feed-back dankbar.
- Verteidigen Sie sich nicht, sondern hören Sie zunächst zu.
- Fragen Sie nach, wenn Sie etwas nicht verstehen.
- Entscheiden Sie für sich selbst, was Sie annehmen oder ablehnen.

 **Training**

1. *Erläutern Sie, welche Kommunikationsstörung in den folgenden Fällen jeweils vorliegt.*

a)	Ärztin zu einem Patienten:	„Sie haben einen Diabetes mellitus."
b)	Ein 6-jähriges Kind hört am Telefon:	„Please hold the line."
c)	Schüler zum Lehrer:	„Können Sie noch einmal den Unterschied zwischen „Miete" und „Pacht" erklären?"
	Antwort Lehrer:	„Diesen Unterschied habe ich schon zweimal erklärt. Lesen Sie das nun selbst im Buch nach."

2. *Formulieren Sie verständlich:*

   a) *In meiner psycho-physischen Konstitution manifestiert sich eine absolute Dominanz positiver Effekte für die Individualität deiner Person.*

   b) *Der Usus der exterritorialen Verben ist auf ein Minimum zu reduzieren.*

   c) *Wenn ich mich nunmehr dem Problem zuwende, wie man, unter Würdigung aller hier in Frage kommenden Umstände, die Geltungsdauer von Aussagen zu beurteilen hat, die eine Widerspiegelung der Wirklichkeit nicht oder jedenfalls nicht in vollem Umfange enthalten, so würde ich die Formulierung für angemessen erachten, dass Lügen eine gewisse Tendenz in sich tragen, auf längere Fristen hin betrachtet, der vollen Zustimmung aller Beteiligten in mehr oder minder hohem Grade zu ermangeln.*

3. *Diskutieren Sie in Ihrer Lerngruppe, ob z. B. in Gesprächen mit Vorgesetzten und in Prüfungsgesprächen Fassaden- und Imponiertechniken sinnvoll sein können oder ob auch in diesen Situationen der Grundsatz der „Echtheit" befolgt werden soll.*

4. *In Werbetexten ist nie eine direkte Kaufaufforderung enthalten. Begründen Sie dies kommunikationstheoretisch.*

5. *Kann „Weinen" ein Appell sein? Begründen Sie Ihre Auffassung.*

 **Literatur**

Hier können Sie sich weitergehend informieren:

Schulz von Thun, Friedemann: Miteinander reden. Band 1. rororo. Reinbek 1998

Lay, Rupert: Führen durch das Wort. 8. Auflage. Ullstein Verlag. Frankfurt am Main 1996

2 „Im Moment fällt mir nichts ein."
Kreative Techniken zum Sammeln von Ideen

Situation

Die Schulleitung Ihrer Schule hat in Abstimmung mit der Schülervertretung (SV) die Aktion „Saubere Schule" (ASS) initiiert. Die SV möchte Vorschläge zur Umsetzung dieser Aktion in die Diskussion einbringen. Zunächst sind Sie als Schülersprecher mit Ihren Stellvertretern gebeten worden, Ideen zu sammeln und die brauchbarsten auf der nächsten Sitzung des Aktionskomitees vorzustellen.

Handlungs-auftrag

1. *Informieren Sie sich anhand des folgenden Informationsblocks über die Möglichkeiten, gemeinsam und ökonomisch an einer Ideensammlung zu arbeiten.*

2. *Wählen Sie ein Verfahren aus und sammeln Sie Ideen zur Umsetzung der Aktion „Saubere Schule".*

3. *Visualisieren Sie die Ergebnisse Ihrer Arbeitsgruppe, um sie in der nächsten Sitzung des Aktionskomitees präsentieren zu können[1].*

---

[1] *Vgl. S. 30 ff.*

1. Sammeln Sie mit Karten Ideen ein

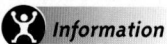 **Information**

Mit der Kartenabfrage können Sie auch in größeren Gruppen effektiv und zeit-sparend eine Vielzahl von Ideen sammeln und ordnen.

Gleichzeitig verschafft Ihnen die Kartenabfrage eine gewisse Anonymität. Dies ist wichtig, wenn „heiße Eisen" angepackt werden oder wenn die Grup-penmitglieder verschiedenen Hierarchie-Ebenen angehören (z. B. Vorgesetz-te und Mitarbeiter).

Schreib mal wieder.

Ablauf der Kartenabfrage

	Arbeitsschritte	Erläuternde Hinweise
1.	Moderator und Teilnehmer formulieren ge-meinsam eine zielgerichtete Leitfrage.	Gemeinsam achten alle Teilnehmer darauf, dass die Leitfrage präzise und problemorien-tiert ist. Von ihr hängt der Erfolg ab.
2.	Der Moderator fixiert die Leitfrage mit einer Wolkenkarte an der Pinnwand.	Alternativ kann der Moderator die Leitfrage auch auf die Pinnwand schreiben (große Schrift, einrahmen).
3.	Die Teilnehmer klären letzte Verständnisfragen zur Leitfrage.	Alle Teilnehmer müssen genaue Vorstellungen von der Aufgabe haben.
4.	Die Teilnehmer schreiben auf Rechteck-Karten ihre Ideen zur Leitfrage (Stillarbeitsphase von 15 bis 20 Minuten).	Wichtig: • Nur ein Begriff/eine Idee pro Karte • Große lesbare Schrift
5.	Der Moderator sammelt die Karten kontinuier-lich ein und fixiert sie an der Pinnwand.	Zweck: Bereits gefundene Ideen lösen neue Gedanken aus.
6.	Die Teilnehmer sichten nach Abschluss der Ideenfindung das Gesamtergebnis.	Jeder Teilnehmer liest still die Karten oder der Moderator liest vor.
7.	Die Teilnehmer sortieren an der Pinnwand zu-sammengehörende Karten zu Kartengruppen und weisen übergeordnete Begriffe zu.	Es ist vorteilhaft, wenn genügend Pinnwände verfügbar sind. Jeder Teilnehmer darf sortie-ren, keine Karte darf jedoch überdeckt oder entfernt werden.
8.	Die Teilnehmer erstellen gemeinsam auf der Basis der übergeordneten Begriffe einen The-menspeicher und gewichten die Themen mit einer Punktabfrage.	Themenspeicher: Liste der Themen, die aus den übergeordneten Begriffen abgeleitet werden. Punktabfrage: Jeder Teilnehmer erhält drei Kle-bepunkte und markiert am Themenspeicher die für ihn wichtigen Themen.

Vorteile der Kartenabfrage

- Die Erfahrungen der Teilnehmer werden sichtbar gemacht.
- Sie eignet sich für anonyme Abfragen.
- Alle Teilnehmer sind beteiligt.

2. Suchen Sie mit der „6-3-5-Methode" gemeinsam nach Problemlösungen

6 Teilnehmer – **3** Ideen – **5** Minuten:

Zu einem Begriff oder zur Lösung eines Problems notieren Sie in einer Gruppe von 6 Teilnehmern 3 Ideen innerhalb von 5 Minuten auf einem Formblatt.

Gemeinsam sind Sie ideenreich.

Begriff/Problemstellung		
Idee 1	**Idee 2**	**Idee 3**
Erste Idee von Teilnehmer A	*Zweite Idee von Teilnehmer A*	*Dritte Idee von Teilnehmer A*
Erste Idee von Teilnehmer B	*Zweite Idee von Teilnehmer B*	*Dritte Idee von Teilnehmer B*
...	...	...
...	...	...

Ablauf der „6-3-5-Methode"

Jedes Mitglied Ihrer Gruppe erhält das obige Formular und trägt in der obersten Zeile seine ersten drei Ideen ein. Nach 5 Minuten werden die Blätter an den jeweils rechten Tischpartner weitergegeben. In dieser zweiten Runde trägt jeder seine 3 Ideen in die zweite Zeile ein. Der Prozess wird so lange fortgesetzt, bis alle Formulare vollständig ausgefüllt sind.
Bei jedem Durchgang können Sie auf eine wachsende Anzahl von fremden Ideen als Anregung zurückgreifen. Dies hilft Ihnen bei der „Produktion" eigener neuer Ideen.
Gemeinsam mit den fünf anderen Teilnehmern sichten Sie die Ideen, die die Grundlage für die weitere Arbeit darstellen.

Vorteile der 6-3-5-Methode

- Im Idealfall werden in 30 Minuten 3 x 6 x 6, also 108 Ideen, hervorgebracht und schriftlich fixiert.
- Jeder Teilnehmer kann in Ruhe nachdenken und wird dennoch aktiv beteiligt.
- Aufgrund von Anregungen durch fremde Ideen werden Synergie-Effekte wirksam.
- Bei der Methode unterbleibt eine Diskussion während der Ideenfindungs-Phase.

Natürlich kann die Methode auch abgewandelt werden, z. B. in eine 4-2-5-Methode.

3. Mind-mappen Sie mal wieder

Mind-Mapping schafft Übersicht und bringt Sie mit einfachen Mitteln auf neue Ideen.

Ablauf beim Mind-Mapping

Legen Sie ein unliniertes Blatt (mindestens Format DIN A4) quer. Schreiben Sie in die Mitte des Blattes den zentralen Begriff, zu dem Sie Ideen suchen. Sie können Ihr Thema auch malen. Umkreisen Sie diesen Mittelpunkt Ihrer Überlegungen.

Ausgehend von Ihrem zentralen Begriff oder Bild zweigen Sie mehrere Linien ab. Auf jede Linie notieren Sie verbal und/oder bildlich Aspekte, die Sie aus Ihrem Thema ableiten. Überlegen Sie nicht lange, sondern schreiben Sie spontan auf, was Ihnen in den Sinn kommt.

Ausgehend von diesen Hauptästen fallen Ihnen dann wieder untergeordnete Gedanken ein, die Sie auf neue Nebenäste schreiben. Sie erkennen Zusammenhänge, Ihnen fallen vielleicht auch etwas abseitige Aspekte ein usw. So füllt sich nach und nach Ihr Blatt. Probieren Sie es einmal. Ihr erstes Mind-Map ist fertig, wenn Sie das Gefühl haben, Ihnen fällt nichts mehr ein oder Sie haben das Wichtigste notiert.

Mind-Mapping aktiviert ihr bildlich-räumliches Denken und ermöglicht Ihnen eine neue Sichtweise. Indem Sie Ihr Thema im wörtlichen Sinne „abbilden", können Sie es neu strukturieren. Sie können die wesentlichen Punkte herausarbeiten, neue Verbindungen herstellen und Nebenaspekte beleuchten. Da Mind-Maps eine offene Struktur haben, können sie ständig ergänzt werden.

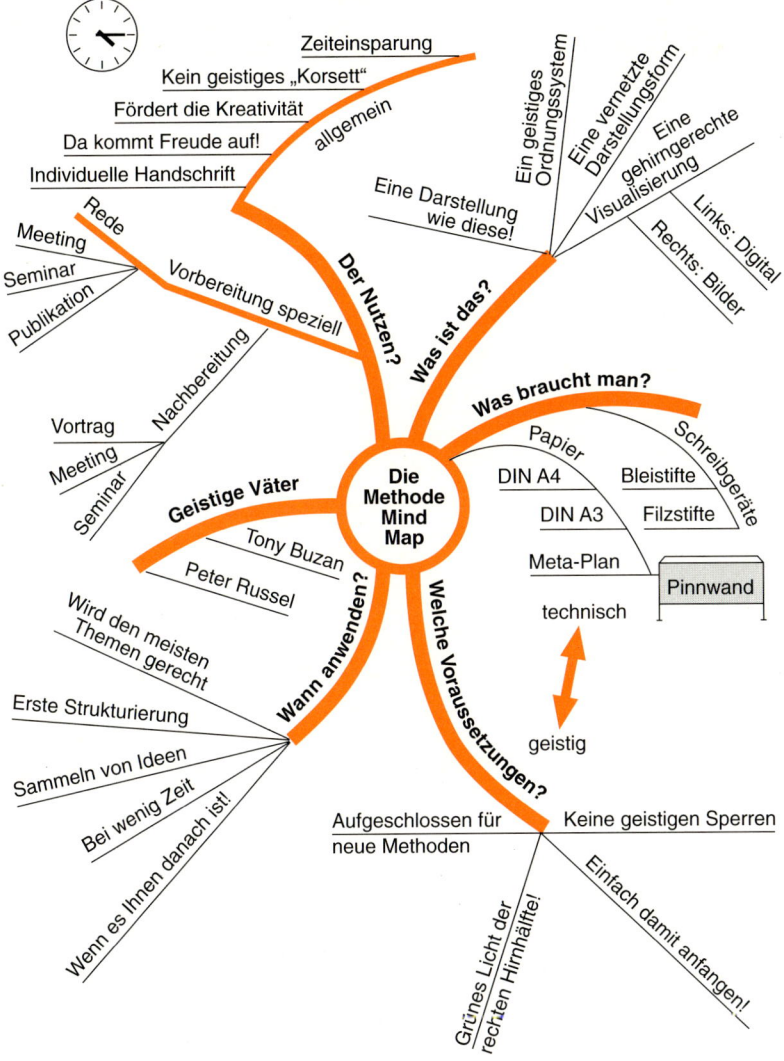

Beachten Sie sieben Grundregeln, wenn Sie Mind-mappen.

- Notieren Sie Ihren zentralen Begriff in der Blattmitte.
- Schreiben Sie alle Wörter deutlich lesbar. Das fördert die Übersichtlichkeit.
- Zeichnen Sie für jeden neuen Gedanken eine neue Linie.
- Beschriften Sie jede Linie nur mit einem Kerngedanken.
- Fügen Sie, wenn möglich, auch Bilder und Symbole ein.
- Benutzen Sie Farben.
- Ignorieren Sie Ihr kontrolliertes Denken. Halten Sie möglichst alles fest, was Ihnen im Zusammenhang mit der Zentralidee in den Sinn kommt.

4. Spielen Sie mit Wörtern: das Akrostichon

Sie sollen die neuen Auszubildenden begrüßen und möchten den Begriff „Ausbildung" in den Mittelpunkt stellen. Ihr Problem: Es fällt Ihnen nichts ein. Dann spielen Sie doch einmal mit dem Wort „Ausbildung" auf einem unlinierten Blatt (möglichst Format DIN-A4):

- Zerlegen Sie es in seine Bestandteile.
- Lassen Sie sich durch die einzelnen Buchstaben zu Ideen anregen, die in Verbindung zu Ihrem Zentralbegriff stehen.

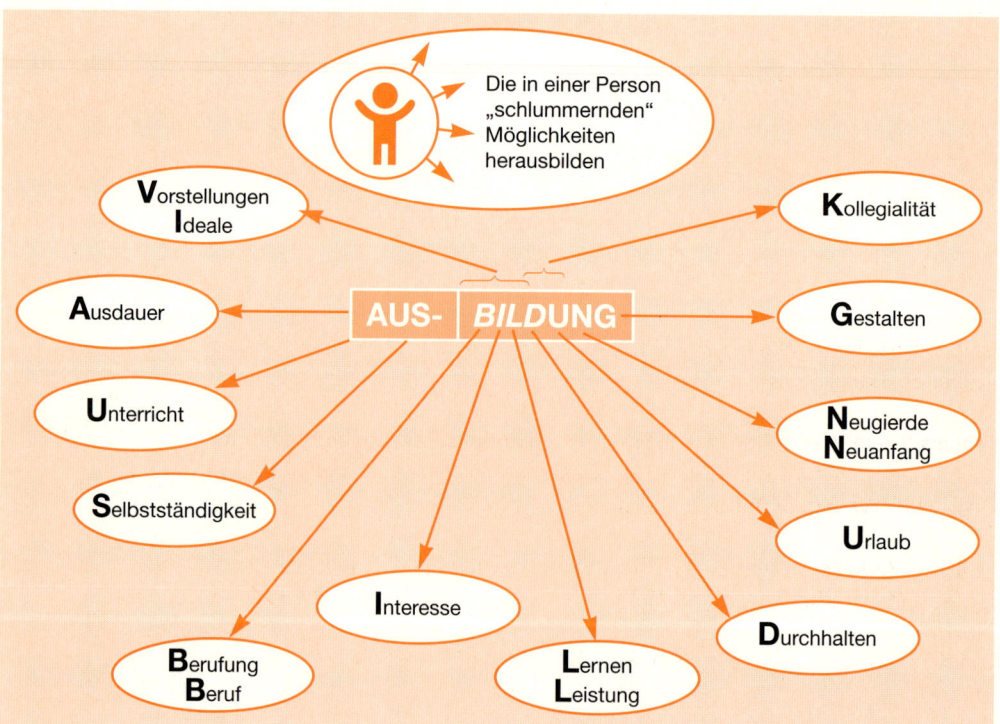

1. *Sie sind zu einem Bewerbungsgespräch eingeladen (Vergabe eines Aus-*
   bildungsplatzes, verantwortungsvollere Position nach abgeschlossener
   Weiterbildung). Viele Dinge sind bei der Vorbereitung zu beachten. Ver-
   schaffen Sie sich mit Hilfe eines Mind-Maps einen Überblick über das,
   was Sie alles organisieren müssen.

2. *Ihre Lerngruppe hat sich auf **Subjektivität** als nächstes Thema für den*
   Deutschunterricht verständigt. Führen Sie sich die Bedeutungsaspekte
   des Begriffs mit Hilfe eines Akrostichons vor Augen.

   Tauschen Sie Ihre Ergebnisse mit denen der anderen Teilnehmer aus
   und versuchen Sie gemeinsame Aspekte zu finden, die die Beschäfti-
   gung mit dem Thema leiten.

3. *Im Deutschunterricht lesen Sie Kurzgeschichten. Wählen Sie in Ihrer*
   Lerngruppe eine Kurzgeschichte aus. Lesen Sie den Text und sammeln
   Sie mit Hilfe einer Kartenabfrage Ideen zur Interpretation.

Hier können Sie sich weitergehend informieren:

Beyer, Maria: BrainLand Mind Mapping in Aktion. Junfermann Verlag. Pader-born 1993

Brenner, Gerd: Kreatives Schreiben. Cornelsen Scriptor Verlag. Frankfurt 1990

Czichos, Reiner: Creaktivität & Chaosmanagement. Ernst Reinhard Verlag. München, Basel 1993

Francis, Dave/Young Don: Mehr Erfolg im Team: ein Trainingsprogramm mit 46 Übungen zur Verbesserung der Leistungsfähigkeit in Arbeitsgruppen. Windmühle Verlag. 5. Aufl. Hamburg 1996

Kellner, Hedwig: Konferenzen, Sitzungen, Workshops effizient gestalten. Hanser Verlag. München, Wien 1995

Nöllke, Matthias: Kreativitätstechniken. STS-Verlag. Planegg 1998

Software: MindManager 3.5. Alles Wissenswerte unter: www.mindman.com

❸ „Das hör ich mir nicht länger an!" Techniken der Visualisierung – Anschauung möglich machen

Situation

Im BWL-Unterricht behandeln Sie das Thema Fertigungsverfahren. Sie haben zusammen mit drei weiteren Teilnehmern die Aufgabe übernommen, Ihre Lerngruppe mittels eines Kurzvortrags (Zeit: ca. 5 Minuten) über Lean Production zu informieren. Neben den Ausführungen des Lehrbuchs steht Ihnen auch der nachfolgende Artikel zur Verfügung.

Lean Production

(engl.; entschlackte Produktion), Organisation der Fertigung, die sich vor allem durch Gruppenarbeit und Automatisierung des Materialflusses auszeichnet. Das US-amerikanische Massachusetts Institute of Technology (MIT, Boston) stellte 1991 fest, dass japanische Firmen gegenüber europäischen und US-amerikanischen durch L. ihren Zeit- und Kostenaufwand bei der Entwicklung und Produktion von Autos fast halbieren. Ab 1994 bzw. 1995 wollen VW und Opel in ihren neuen Werken in Mosel (Sachsen) und Eisenach (Thüringen) L. einführen.

Gruppenarbeit: Die Teilfertigung wird von Teams mit bis zu 15 Mitarbeitern durchgeführt, in denen jedes Mitglied alle Arbeiten ausführen kann. Während Mitarbeiter in japanischen Werken bis zu 380 Trainingsstunden erhalten, die in alle Produktionsschritte einführen, werden europäische Arbeiter in der Hälfte der Zeit nur auf eng umgrenzte Tätigkeitsbereiche vorbereitet. Ein Großteil der europäischen Hersteller bevorzugte 1992 die klassische Fließbandarbeit mit kleinen, einfach auszuführenden Montageschritten.

Qualitätskontrolle: Die Korrektur von Montagefehlern ist bei L. in den Arbeitsprozess integriert. Vor der abschließenden Kontrolle liegt die Quote von Montagefehlern in Japan um 20–30 % niedriger als in Europa.

Entscheidungsprozesse: Manager und Produktionsteams diskutieren regelmäßig Verbesserungsvorschläge. Das MIT stellt fest, dass japanische Automobilarbeiter jährlich durchschnittlich 62 Vorschläge zur Optimierung der Produktion machen (in Europa: eine Idee pro Jahr von zwei Arbeitern). Zulieferer werden bei der Entwicklung neuer Modelle beteiligt. Starre hierarchische Strukturen werden aufgehoben: Jungmanager bei Toyota entwickelten 1991 Autos für ihre Altersgruppe. Die enge Kooperation der unterschiedlichen Ebenen japanischer Betriebe hielt das MIT für die Hauptursache kürzerer Entwicklungszeiten. Während z. B. Toyota alle vier Jahre ein neues Modell vorstellt, benötigen deutsche Unternehmen durchschnittlich sieben bis zehn Jahre. Materialfluss: In europäischen Automobilwerken lagert Material rd. zehnmal solange wie in japanischen Fabriken. Das MIT führte die kürzeren Lagerzeiten auf die Vernetzung der Computersysteme von Zulieferer und Fabrik, deren räumliche Nähe und die Planung der Anlieferung bis an den Arbeitsplatz zurück (Deutschland: bis zum Werkstor).

Produktivität von Autofabriken im Vergleich 1991

	Japan	USA US-Werke	USA Jap. Werke	Europa
Montagedauer (Stunden/Auto)	16,8	25,1	21,2	36,2
Montagefehler (pro 100 Autos)	60,0	82,3	65,0	97,0
Lagerbestand (Tage/Teil)	0,2	2,9	1,6	2,0
Vorschläge pro Mitarbeiter und Jahr	61,6	0,4	1,4	0,4
Abwesenheit (%)	5,0	11,7	4,8	12,1
Arbeiter in Teams (%)	69,3	17,3	71,3	0,6
Lohngruppen (Anzahl)	12	67	9	15

Produktivität in Toyota- und VW-Werken 1991

	Toyota	VW
Mitarbeiter	102.400	260.100
Produktion (Mio.)	4,4	3
Produktionszeit*	13	20

* Stunden pro Mittelklassewagen; Quelle: Massachusetts Institute of Technology (Boston)

Aktuell '93. Das Lexikon der Gegenwart. 9. Jahrgang. Harenberg Lexikon-Verlag. Dortmund 1992

1. *Informieren Sie sich allgemein über die Planung und den Aufbau einer Informationsrede[1].*

2. *Werten Sie für Ihr konkretes Thema die zur Verfügung stehenden Informationen (Lehrbuch, Lexikonartikel u. a.) aus.*

3. *Informieren Sie sich mit Hilfe des nachfolgenden Informationsteils über die Möglichkeiten der Visualisierung. Wählen Sie aus den dargestellten Medien und Gestaltungselementen diejenigen aus, die Ihnen für Ihren Kurzvortrag geeignet erscheinen. Visualisieren Sie damit vor allen Dingen das Zahlenmaterial.*

Handlungsauftrag

---

[1] *Vgl. S. 68*

 **Information**

1. Warum Sie visualisieren müssen

Visualisieren heißt, Informationen bildhaft darstellen. Sie können visuell aufbereitetes Material ca. 60.000-mal schneller aufnehmen als einen geschriebenen oder gesprochenen Text.

Wie soll jemand etwas „ein-sehen", wenn er nichts „sehen" kann?

Deshalb ist Visualisierung ein unverzichtbarer Bestandteil Ihrer Präsentation. Sie setzen Medien und Techniken des Visualisierens ein, um Ihren Zuhörern gezielte Hilfen bei der Informationsaufnahme zu geben und um Ihren Vortrag aufzulockern. Damit wecken Sie gleichzeitig das Interesse Ihrer Zielgruppe und erhöhen die Motivation.

Visualisieren ist kein Selbstzweck. Sie müssen sich deshalb die Frage stellen: „Welche Art der Visualisierung transportiert meine Idee am besten?"

> **Beispiel:**
> *Sachinformation: Cola-Limonaden enthalten etwa 12 % Zucker.*
>
> *Mögliche Visualisierungen :*
> - *Alphabetische Liste der Inhaltsstoffe mit Prozentangaben (Zucker an letzter Stelle)*
> - *Kreisdiagramm mit Zucker als der zweitgrößten Komponente nach Wasser*
> - *Zeichnung eines pyramidenförmigen weißen Haufens auf einer Waage mit einem darin steckenden Schild „Zucker 12 %"*
> - *Foto einer Hand, gehäuft voll mit zwei Dutzend Stück Würfelzucker, daneben eine 1-Liter-Flasche Cola*

Visualisieren heißt, eine neue Sprache zu lernen.

Die Frage nach der besten Gestaltungsidee können Sie nicht absolut beantworten.

Wählen Sie die Visualisierung, die am besten zu Ihrer Zielgruppe, Ihrem Ziel und den Umständen passt.

Vielleicht werden Sie zunächst Mühe haben, individuelle Gestaltungsideen zu entwickeln. Sie finden aber viele Anregungen in Wirtschaftsmagazinen, Bedienungsanleitungen, auf Plakatwänden, Informationsschildern, im Werbefernsehen und in den Cliparts der PC-Programme.

2. Lernen Sie die Vielfalt der Medien kennen

Die beiden Übersichten informieren Sie über die Einsatzmöglichkeiten der wichtigsten Medien. Beachten Sie vor allem die Gestaltungshinweise, wenn Sie ein Medium einsetzen.

Machen Sie sich mit allen Medien vertraut. – Veranstalten Sie aber keine Multi-Media-Show.

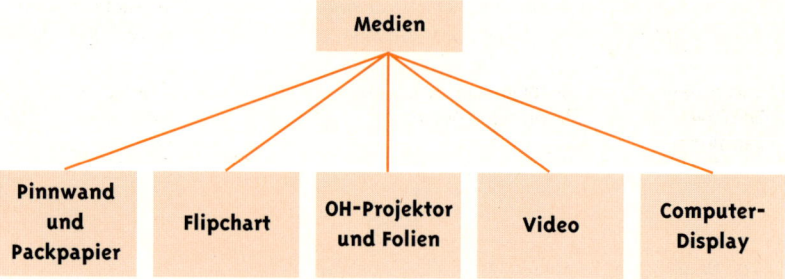

Medium	Medienspezifische Gestaltungshinweise	Einsatzmöglichkeiten/ Benutzungshinweise
Pinnwand	• Vorgefertigtes Moderationsmaterial (z. B. Wolken, Rechtecke, Kreise, Ovale) einsetzen • Farbige Stifte mit unterschiedlichen Schriftbreiten verwenden • Zentrale Aussagen (z. B. Überschriften) mittig positionieren • Grundsätze zur anschaulichen Gestaltung von Textelementen beachten	**Beim Vortrag:** Karten schrittweise dem Vortrag entsprechend anpinnen **Bei einer Kartenabfrage**[1]**:** Karten sammeln und sortieren **Bei Lernplakaten:** Unterrichtsergebnisse, die längerfristig sichtbar bleiben sollen, fixieren
Flipchart	• Farben und unterschiedliche Stiftbreiten zur Betonung einsetzen • Symbole verwenden • Grundsätze zur anschaulichen Gestaltung von Textelementen beachten	**Beim Vortrag:** Max. 3 Flipchart-Seiten pro 20-Minuten-Vortrag einsetzen **Bei der Ergebnisdarstellung:** Möglichst nur eine Seite pro Arbeitsauftrag beschriften
OH-Projektor	• Vergleiche Medium Folie	**Beim Vortrag:** • Lichtverhältnisse beachten (Projektion ist in zu hellen Räumen nicht lesbar) • Projektor nur einschalten, wenn er gebraucht wird • Zum Publikum, nicht zum Projektor oder zur Projektionswand sprechen • Den freien Blick des Publikums auf die Projektionswand nicht behindern • Wegen des Gerätegeräuschs lauter sprechen
Folie	• Max. 7 Informationen je Folie präsentieren • Auf Stichworte beschränken • Symbole, Bilder, Grafiken einsetzen • Wasserfeste Folienstifte bevorzugen • Bei DTP-Programmen, z. B. PowerPoint, Folie farblich gestalten • Grundsätze zur anschaulichen Gestaltung von Textelementen beachten	**Beim Vortrag:** • Folien schrittweise aufdecken • Dabei: Abdeckblatt unter die Folie legen, damit der Folieninhalt für den Vortragenden sichtbar bleibt • Während des Vortrags wichtige Stellen auf der Folie markieren und/oder Informationen ergänzen
Video	Bei der Auswahl auf gestalterische Qualität achten	**Beim Vortrag:** • Vorführzeit begrenzen (Faustregel: 1/3 Videozeit und 2/3 Vortragszeit) • Funktionsweise des Gerätes vorher testen
Computer-Display/ Beamer	Vielfältige Gestaltungsmöglichkeiten der Programme nutzen	**Beim Vortrag:** Vortrag durch Effekte und Darstellungen kontinuierlich begleiten

---

[1] *Vgl. S. 22 f.*

3. Lernen Sie die Vielfalt der Gestaltungselemente kennen

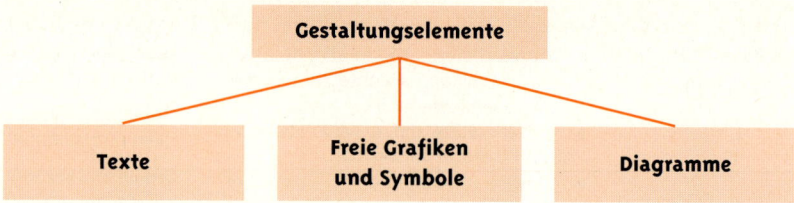

Gestaltungselement: Texte

Beschränkung macht den Meister.

Gestalten Sie Ihre Texte anschaulich. Nur dann sind sie zur Visualisierung geeignet.

Grundsätze zur anschaulichen Gestaltung von Textelementen

- Groß und lesbar schreiben
- Bei handschriftlichen Textelementen Druckbuchstaben bevorzugen
- Groß- und Kleinbuchstaben benutzen
- Sich auf Stichworte/Schlüsselbegriffe beschränken
- Hauptwort-Stil bevorzugen
- Kurz-Sätze verwenden

Gestaltungselement: freie Grafiken und Symbole

Auflockern tut gut.

Setzen Sie auch freie Grafiken und Symbole zur Veranschaulichung von verbalen Informationen ein.
Zur Entwicklung von freien Grafiken auf Pinnwänden können Sie auf vorgefertigtes Moderationsmaterial zurückgreifen.

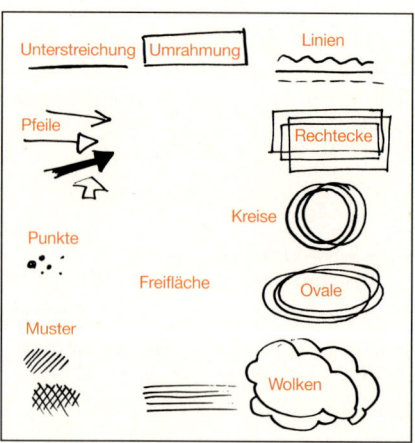

Bedenken Sie, dass standardisierte Symbole einen höheren Wiedererkennungs-Effekt haben als nicht standardisierte Symbole. Verwenden Sie deshalb nicht standardisierte Symbole nur, wenn sie in ihrer Aussage eindeutig sind. Die Cliparts der verschiedenen Gestaltungsprogramme bieten eine reiche Auswahl.

Nicht standardisierte Symbole

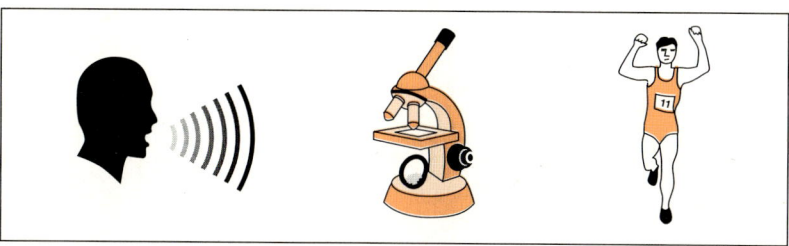

Standardisierte Symbole

Gestaltungselement: Diagramme

Veranschaulichen Sie absolute Zahlen, Größenverhältnisse und Entwicklungsprozesse mit Hilfe von standardisierten Diagrammen.

Übersicht schafft Einsicht.

Diagrammart	Gestaltungshinweise	
Listen und Tabellen Geeignet für: Themenliste, Verkaufszahlen, Preisgegenüberstellungen u. a.	• Wichtiges hervorheben • Überschriften klar formulieren • Überschriften optisch abheben • Auf Detailangaben verzichten	
Kurvendiagramm Geeignet für: Entwicklungen im Zeitablauf (Umsatzentwicklungen, Kostenvergleiche u. a.)	• Achsen benennen • Zeitgröße auf der waagerechten Achse eintragen • Kurven bezeichnen • Bei mehreren Kurven unterschiedliche Linienarten benutzen	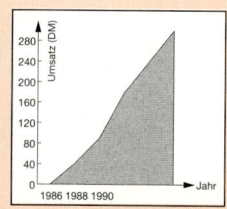

Diagrammart	Gestaltungshinweise	
Säulendiagramm Geeignet für: Größenvergleiche absoluter Zahlen (Gegenüberstellung von Umsätzen, Steueraufkommen u. a.)	• Säulen in gleicher Breite darstellen • Abstand zwischen den Säulen angemessen wählen • Achsen benennen • Säulen benennen	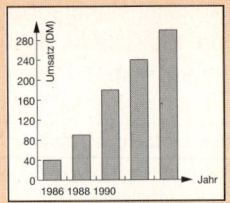
Kreisdiagramm Geeignet für: Gesamtüberblick (das Ganze und seine Teile): Marktanteile, Sitzverteilung u. a.	• 360 Grad entsprechen 100 Prozent • Teilmengen innerhalb oder außerhalb des Kreises beschriften • Klare Trennung der Teilmengen, z. B. durch unterschiedliche Schraffuren	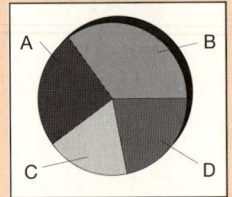
Organigramm Geeignet für: Darstellung von Zusammenhängen und Strukturen (Aufbau von Organisationen u. a.)	• Einfache Symbole verwenden • Zusammenhänge durch Lage der Kästchen und Striche eindeutig herausstellen	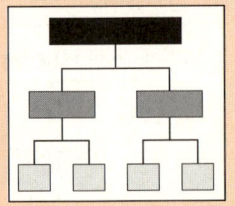

4. Ordnen Sie Ihre Gestaltungselemente zu einer überzeugenden Einheit

Verknüpfen Sie Ihre Gestaltungselemente und Medien zu einem eindrucksvollen Gesamtbild.

Mit visuellen Hilfsmitteln wirken Sie nicht nur sicherer – Sie sind es.

Kompositions-Regeln

• Teilen Sie den einzelnen Informationsträger (Folie, Flipchart-Bogen u. a.) gedanklich in gleich große Bereiche auf (halbieren, dritteln, vierteln).
• Gruppieren Sie anschließend Ihre Gestaltungselemente sinnvoll in diesem Raster (wichtige Aussagen in die Blattmitte, Überschriften an den oberen Blattrand u. a.).
• "Überladen" Sie den einzelnen Informationsträger nicht.
• Planen Sie sorgfältig den Einsatz von Formen und Farben, um:
  – wichtige Informationen hervorzuheben,
  – Zusammenhänge zu verdeutlichen,
  – Querverweise herzustellen,
  – Einzelaspekte miteinander zu verbinden.

1. Sie haben Ihren Kurzvortrag über Lean Production ausgearbeitet und entsprechende Vorlagen zur Visualisierung erstellt. Der Tag und die Stunde Ihres Kurzvortrags sind gekommen.

   a) Halten Sie Ihren Kurzvortrag vor Ihrer Lerngruppe. Bitten Sie die anderen Teilnehmer, insbesondere auf die Verständlichkeit und Anschaulichkeit Ihrer Vorlagen und Ausführungen zu achten.

   b) Fordern Sie in einem Auswertungsgespräch mit Ihrer Lerngruppe ein Feed-back[1] ein, insbesondere zu Ihren Visualisierungs-Techniken. Ergänzen Sie die Auswertungsergebnisse selbstkritisch.

2. Sie sollen einen Fachvortrag über Kreditkarten halten. Diesen möchten Sie visuell unterstützen. Visualisieren Sie dazu die Sachinformationen des folgenden Textes. Setzen Sie verschiedene Medien (Folien, Flipchart-Seite, Pinnwand) und Gestaltungselemente (Texte, Grafiken, Diagramme) ein.

Kreditkarten

Kreditkarten in Deutschland 1992

Kreditkarten-unternehmen	Ausgegebene Karten (1.000)			Vertrags-unternehmen (1.000)			Jahresgebühr (DM)		
	BRD	Europa	Welt	BRD	Europa	Welt	Stan-dard-/ Classic-Karte	Gold-/ Premier-Karte[1]	Platin-Karte
Eurocard[2]	3.400	25.000	185.000	220	2.400	9.500	39–60	90–130	–
Visa	1.500	60.000	280.000	170	2.600	9.500	30–90	120–180	–
American Express	1.000	5.500	37.000	160	700	3.100	100	200	800
Diners Club	400	4.500	7.000	150	800	2.100	150	–	–

Stand: Mitte 1992; [1] schließt Zusatzleistungen wie z. B. Reiseversicherungen und weitere Service-Angebote ein; [2] internationale Zusammenarbeit mit Mastercard und Access.

Kreditkarten

Plastikausweise, die zu bargeld- und scheckloser Begleichung von Rechnungen per Unterschrift auf der Quittung bei Einzelhändlern, Hotels und Restaurants berechtigen, mit denen die K.-Gesellschaft einen Vertrag geschlossen hat. Mitte 1992 waren in Deutschland rd. 6,5 Mio. K. ausgegeben (1991: 5,1 Mio.); die Zahl der Eurocheque-Karten der → Banken belief sich auf 30 Mio. Die Gesellschaften rechneten mit einer Zunahme der K. auf 15 Mio. bis 1995. Anfang der 90er Jahre erwuchs den K. Konkurrenz durch das Zahlungssystem → Electronic Cash mit der Eurocheque-Karte. 1991 stieg der Schaden durch Betrug mit K. in der BRD auf rd. 80 Mio. DM (1990: 54 Mio. DM). Rechnungsbeträge für K.-Zahlungen werden i. d. R. monatlich vom Konto des Inhabers abgebucht. K. kosteten

---

[1] *Vgl. S. 19*

1992 in Deutschland 30–200 DM. Händler mussten der K.-Gesellschaft eine Provision von 3–6 % des Umsatzes zahlen (Kosten bei Electronic Cash: 1–2 %). Die Zahl der Unternehmen, die K. annehmen, lag bei 230.000. 90 % der Käufe in Deutschland wurden weiterhin bar beglichen. Beim Missbrauch von K. handelte es sich insbes. um Diebstahl und unbefugte Verwendung sowie die Fälschung von K. 35 % aller Schäden wurden in Hongkong, Malaysia und Thailand registriert. Dort wurden die Karten z. B. beim Bezahlen in Hotels und Restaurants kopiert, die gefälschten K. in Südostasien eingesetzt und die Rechnungsbeträge später dem Kunden in Deutschland belastet.
→ Chipkarten

Jahr	Anzahl (1.000)	
	Karten-inhaber	Vertrags-unter-nehmen
1986	1.200	53
1987	1.400	69
1988	1.900	96
1989	2.700	120
1990	4.500	150
1992	6.500	230

Stand: Jeweils Jahresmitte; Quelle: Aktuell-Recherche

Aktuell '93. Das Lexikon der Gegenwart. 9. Jahrgang. Harenberg Lexikon-Verlag. Dortmund 1992

Literatur

Hier können Sie sich weitergehend informieren:

Seifert, Josef W.: Visualisieren Präsentieren Moderieren. Gabal Verlag. 11. Auflage. Offenbach 1998

Nöllke, Claudia: Präsentieren. STS Verlag. Planegg 1998

4 „Mir verschlägt es die Sprache." Monologische Formen der mündlichen Kommunikation

„Wann werde ich in meinem Leben schon einmal eine Rede halten müssen? – Vielleicht nie."

Bedenken Sie aber: Nicht nur für die große Rede, sondern für jede bedeutsame Aussage in einem Gespräch oder für jeden (längeren) Wortbeitrag in einer Verhandlung benötigen Sie rhetorische Fähigkeiten.

Auch Ihre „Mini-Rede" muss bewusst gestaltet werden.

Die in diesem Kapitel enthaltenen Informationen und Trainingseinheiten machen Sie auch für Ihre „Mini-Reden" fit, wenn Sie zukünftig in privaten und beruflichen Situationen das Wort ergreifen müssen.

4.1 Vorbereiten auf das freie Sprechen

4.1.1 Sie lesen einen Text sinngebend vor

Als Sprecher der Jugend- und Auszubildendenvertretung müssen Sie den Auszubildenden nachstehende Hausmitteilung der Geschäftsleitung vorlesen.

Situation

Memo

An/To: **Jugend- und Auszubildendenvertretung**

cc:

Von/From: **Abteilung Ausbildung und Personalentwicklung**

Datum/Date: **12. August**

Zu Beginn des neuen Schuljahres ist es wiederholt zu Missverständnissen hinsichtlich der Frage gekommen, ob Auszubildende nach der Berufsschule im Betrieb zur Ausbildung erscheinen müssen. Bitte informieren Sie deshalb alle Auszubildenden über die folgenden rechtlichen Bestimmungen.

Die Berufsschulpflicht, die Freistellung der Auszubildenden für die Teilnahme am Berufsschulunterricht, die Beschäftigung von Auszubildenden vor und nach dem Berufsschulunterricht sowie die Anrechnung der Unterrichtszeit auf die Arbeitszeit sind in den §§ 9, 10 und 11 des Gesetzes über die Schulpflicht im Lande Nordrhein-Westfalen (Schulpflichtgesetz - SchpflG), im § 7 des Berufsbildungsgesetzes (BBiG) und im § 9 des Gesetzes zum Schutze der arbeitenden Jugend (Jugendarbeitsschutzgesetz - JArbSchG) verbindlich geregelt.

Mit der Beendigung der zehnjährigen Vollzeitschulpflicht beginnt die Berufsschulpflicht. Jugendliche und Erwachsene sind in der Regel berufsschulpflichtig, solange ein Berufsausbildungsverhältnis besteht, das vor Vollendung des einundzwanzigsten Lebensjahres begonnen worden ist. Diese Voraussetzung ist bei allen Auszubildenden in unserem Hause erfüllt, so dass auch alle Auszubildenden bis zum Ende ihrer Ausbildung berufsschulpflichtig sind.

Es ist selbstverständlich, dass die Klöckner-Moeller GmbH ihre berufsschulpflichtigen Auszubildenden für die Teilnahme am Berufsschulunterricht freistellt. Alle Abteilungen, die entsprechend des betrieblichen Ausbildungsplans Auszubildende betreuen, werden von der Abteilung „Ausbildung und Personalentwicklung" unverzüglich über die jeweils aktuellen Unterrichtstage und -zeiten informiert.

Im Hinblick auf die Frage, ob nach dem Berufsschulunterricht noch eine Beschäftigung im Betrieb zulässig ist, muss zwischen jugendlichen und erwachsenen Auszubildenden unterschieden werden, wobei Jugendlicher im Sinne dieser Vorschriften ist, wer noch nicht 18 Jahre alt ist.

Jugendliche Auszubildende dürfen an einem Berufsschultag mit mehr als fünf Unterrichtsstunden von mindestens je 45 Minuten nicht mehr im Betrieb beschäftigt werden, wobei dies allerdings nur einmal in der Woche gilt. Im laufenden Schuljahr sind damit alle jugendlichen Auszubildenden des ersten und zweiten Ausbildungsjahres am Dienstag von der betrieblichen Ausbildung nach der Berufsschule befreit. Dieser Berufsschultag wird mit acht Stunden auf die Arbeitszeit angerechnet. Am Donnerstag müssen jedoch auch die jugendlichen Auszubildenden nach Unterrichtsschluss die Ausbildung im Betrieb fortsetzen. Gemäß den gesetzlichen Bestimmungen ist an diesem Tag nur die Unterrichtszeit einschließlich der Pausen auf die Arbeitszeit anzurechnen.

Für erwachsene Auszubildende, und das sind zur Zeit alle Auszubildenden des dritten Ausbildungsjahres, gelten die zuvor genannten Bestimmungen nicht. Die volljährigen Auszubildenden müssen nach Beendigung des Berufsschulunterrichts unverzüglich im Betrieb erscheinen und ihre Tätigkeit aufnehmen, wobei nur die reine Unterrichtszeit in der Berufsschule auf die Arbeitszeit angerechnet werden kann.

Bitte beachten Sie zukünftig diese Vorschriften.

gez. Hartmann

**Handlungs-
auftrag**

1. *Lesen Sie Ihrer Lerngruppe den Text vor.*

2. *Bitten Sie die Mitglieder Ihrer Lerngruppe um ein erstes Feed-back in Hinblick auf den Lesevortrag[1]. Fragen Sie, was positiv aufgefallen ist, bitten Sie aber auch um Verbesserungsvorschläge (Lautstärke, Verständlichkeit, Sprechgeschwindigkeit, Mimik, Gestik u. a.).*

    Hinweis zum Feed-back: Die Teilnehmer der Gruppe müssen ihre Aussagen als „Ich-Botschaften" formulieren. Sie sagen also, wie sie den Vortrag wahrgenommen haben, und nicht, was der Vorleser falsch gemacht hat, z. B. „Monika hat so leise gesprochen, dass ich einige Wörter nicht hören konnte." Sie vermeiden damit, dass der Vorleser sich persönlich angegriffen fühlt.[2]

3. *Informieren Sie sich anhand der folgenden Erläuterungen über wichtige Aspekte, die beim Vortragen eines Textes zu beachten sind.*

4. *Wiederholen Sie in Ihrer Lerngruppe das Vorlesen von geeigneten Texten. Geben Sie in einem Auswertungsgespräch dem jeweiligen Vorleser ein fundiertes Feed-back. Beziehen Sie sich dabei auf die im Informationsteil angeführten Aspekte.*

1. Warum Sie das Vorlesen vor einer Gruppe üben sollten

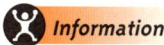

Information

Das Vorlesen eines Textes vor einer Gruppe ist eine wichtige Vorübung zur freien Rede. Sie trainieren damit Grundtechniken, die Sie gerade bei der freien Rede beherrschen müssen. Beim Vorlesen können Sie sich auf diese Techniken konzentrieren. Sie werden nicht durch weitere Anforderungen, wie sie bei der freien Rede gegeben sind (Aufbau und inhaltliche Gestaltung des Redetextes, Manuskript-Handling u. a.) belastet. Außerdem bauen Sie mit dieser Übung eventuell vorhandene Redeangst ab.

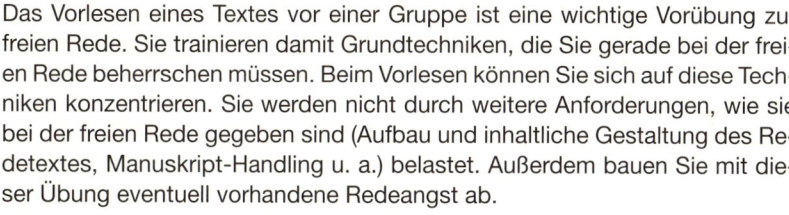

Trainieren Sie durch Vorlesen Grundtechniken für die freie Rede.

2. Darauf müssen Sie beim Vorlesen achten

Beginn

Beginnen Sie nicht, bevor die Zuhörer aufmerksam sind. Nehmen Sie sich dann noch circa zwei Sekunden Zeit, um sich zu sammeln.

Wichtig:
Atmen Sie tief aus (nicht einatmen, dies folgt zwangsläufig), das Atmen befreit und verhindert Verspannungen, Sie atmen praktisch Ihre Aufregung aus.

Atmen ist mehr als Luft holen.

Kopfhaltung

Blicken Sie geradeaus. Neigen Sie Ihren Kopf nicht nach unten auf den Text, sonst kann sich Ihr Kehlkopf nicht mehr frei bewegen. Ähnlich problematisch ist auch ein Überstrecken des Kopfes in den Nacken.

Bewahren Sie die richtige Kopfhaltung.

---

[1] *Vgl. S. 19*
[2] *Vgl. S. 105 f.*

Blickkontakt

Behalten Sie Ihre Zuhörer im Auge.

Stellen Sie Blickkontakt zu Ihren Zuhörern her. Signalisieren Sie Ihnen dadurch, dass der Kontakt mit ihnen für Sie wichtig ist.

Lesetechnik

Eilen Sie mit den Augen im Text voraus.

Als Anfänger haben Sie häufig Angst, sich zu verlesen oder durch Aufblicken die Textstelle zu verlieren. Deshalb sollten Sie eine bestimmte Lesetechnik trainieren.

Sie besteht darin, dass Sie mit Ihren Augen im Text vorauseilen. Die Textstelle, die Sie visuell erfassen, liegt vor der, die Sie aktuell aussprechen. Je weiter Ihre Augen voraus sind, um so mehr Zeit haben Sie, sich auf die Aussprache schwieriger Passagen vorzubereiten. Sie vermeiden dadurch Lesefehler, stellen eine sinnentsprechende Betonung sicher und können vom Text „absehen" und Blickkontakt halten. Dies alles verleiht Ihnen größere Sicherheit.

Körperhaltung

Entspannen Sie auch Ihren Körper.

Stehen Sie gerade. Verlagern Sie Ihr Gewicht gleichmäßig auf beide Füße. Jede Fehlhaltung, z. B. Kreuzen der Beine, kann die Aufmerksamkeit Ihrer Zuhörer ablenken.

Gestik und Mimik[1]

Nur eine fröhliche Miene passt zu einer frohen Botschaft.

Unterstützen Sie mit sparsamer Gestik den vorgelesenen Text. Auch ihr Gesichtsausdruck muss mit den Inhalten übereinstimmen (körpersprachliche Kongruenz). Drücken Sie die im Text angelegten Emotionen aus.

Atmung

Ruhiges Atmen verschafft die Luft zum Reden.

Finden Sie schnell Ihren gewohnten Atem-Rhythmus. Ansonsten werden Sie kurzatmig, Ihnen fehlt die Luft zum Reden. Sie sprechen unter Umständen undeutlich, stockend oder zu leise.

Aussprache

Trainieren Sie bei Bedarf mit Artikulationsübungen Ihre Aussprache.

Erleichtern Sie mit einer deutlichen Aussprache dem Zuhörer das Verständnis. Wenn er sich weniger auf das akustische Verstehen der Wörter konzentrieren muss, kann er sich intensiver den Inhalten zuwenden.

Stimmvariation

Stimme: Abwechslung tut gut.

Passen Sie Ihre Stimmlage, Sprechgeschwindigkeit und Lautstärke dem Text, den Zuhörern und der Situation an. Variieren Sie dabei auch angemessen, um ein monotones Vorlesen zu vermeiden. Setzen Sie durch Sprechpausen Akzente (Wirkungs- und Spannungspausen).

Emotionalität

Bringen Sie Emotionen zum Ausdruck.

Drücken Sie die im Text angelegten Emotionen durch eine angemessene Gestik, Mimik und Stimmvariation aus. Sie wirken um so glaubwürdiger, je besser Ihnen dies gelingt.

---

[1] *Vgl. S. 13 ff.*

Training

1. *Üben Sie die Bauch- und Flankenatmung. Sie aktiviert Ihr Lungenvolumen besser. Legen Sie sich auf eine flache, feste Unterlage (Tisch, Fußboden), platzieren Sie ein Buch auf Ihren Bauch und atmen Sie dieses Buch „hoch". Sie atmen richtig, wenn sich das Buch deutlich hebt.*

2. *Üben Sie Ihre Aussprache/Sprechfertigkeit mit den nachfolgenden „Zungenbrechern". Beginnen Sie mit den Übungen langsam und konzentriert:*
   - *Messwechsel – Wachsmaske*
   - *Brautkleid bleibt Brautkleid, und Blaukraut bleibt Blaukraut*
   - *Früh in der Frische fischt Fischers Fritze frische Fische; frische Fische fischt Fischers Fritze früh in der Frische.*
   - *She sells sea-shells on the sea-shore; the shells, she sells, are sea-shells, I'm sure. So if she sells sea-shells on the sea-shore, then, I'm sure, she sells sea-shore-shells.*

3. *Sie können Ihre Aussprache auch mit der sogenannten Flüsterübung trainieren. Denn beim Flüstern müssen Sie besonders deutlich sprechen, damit Sie verstanden werden.*
   Bitten Sie einen Trainingspartner, sich in drei Meter Entfernung von Ihnen hinzusetzen. Lesen Sie einen Text flüsternd vor. Wenn Ihr Partner Sie noch versteht, sprechen Sie deutlich.
   Geeignete Übungstexte enthalten die „Heyschen Sprechübungen" (siehe Literatur), eine Textsammlung, die auch in der Schauspieler-Ausbildung eingesetzt wird.

4. *Eine weitere Aussprache-Übung besteht darin, dass Sie von einem Korken eine Scheibe abschneiden. Klemmen Sie dieses Korkenstück zwischen Ihre Vorderzähne und lesen Sie Ihren Text überdeutlich vor. Trainieren Sie so lange, bis nicht mehr zu hören ist, ob Sie mit oder ohne Korken sprechen.*

5. *Sprechen Sie einen beliebigen Satz mit wechselndem Gefühlsausdruck (ernst, traurig, heiter, als Werbung, phlegmatisch, gelangweilt u. a.).*
   z. B.: „Also lautet ein Beschluss, dass der Mensch was lernen muss."

Hier können Sie sich weitergehend informieren:

Literatur

Coblenzer, Horst/Muhar, Franz: Atem und Stimme. 14. Auflage. ÖBV Pädagogischer Verlag. Wien 1995

Reusch, Fritz: Der kleine Hey – Die Kunst des Sprechens (Nach dem Urtext von Julius Hey). 48. Auflage. Mainz 1997.

4.1.2 Sie halten eine Stegreif-Rede

 **Situation**

Sie sind Teilnehmer an einem Rhetorik-Seminar. Der Trainer möchte mit Ihnen die Trainingseinheit „Stegreif-Rede" durchführen.
Er fordert Sie auf, sich über Sinn und Zweck der Übung zu informieren.

 **Handlungs-auftrag**

1. *Informieren Sie sich mit Hilfe der folgenden Erläuterungen über die Trainingseinheit „Stegreif-Rede".*

2. *Führen Sie in Ihrer Lerngruppe diese Übung abwechselnd durch.*

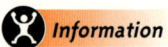 **Information**

ı **Erst denken, dann reden – stimmt das?**

„Laut-Denken" müsste man können.

Die Basis-Qualifikation eines guten Redners ist seine Fähigkeit zum „Sprech-Denken". Unter „Sprech-Denken" ist lautes Nachdenken zu verstehen. Während Sie denken, sprechen Sie das Gedachte gleichzeitig aus.

Die Fähigkeit, sich spontan zu einem Stichwort zu äußern, ist nicht nur für den freien Vortrag wichtig. Jeder Gesprächsbeitrag, den Sie z. B. in eine Diskussion oder Verhandlung einbringen, stellt eine Mini-Rede dar. Und wie oft wird Ihnen in beruflichen und privaten Alltagsgesprächen nicht eine Frage gestellt, über die Sie erst nachdenken müssen? Die Bewältigung all dieser Situationen wird Ihnen rhetorisch besser gelingen, wenn Sie darin trainiert sind, Ihre Gedanken „sprech-denkend" frei zu entfalten.

Testen und trainieren Sie regelmäßig Ihre Fähigkeit zur Stegreif-Rede.

Deshalb ist es wichtig, dass Sie diese Fähigkeit immer wieder trainieren, wenn Sie in allen Lebenslagen rhetorisch geübt sein wollen. Sie werden feststellen: Es lohnt sich.

2. Trainingsmodul Stegreif-Rede – so funktioniert es

Material:
- Ca. 30 Karteikarten (z. B. DIN-A7-Format) mit je einem beliebigen Stichwort beschriftet (z. B. Freundschaft, Erfolg, Spiegel, Versteck)
- Stoppuhr

Ablauf:
- Redezeit in der Lerngruppe zuvor verabreden (mindestens eine Minute, höchstens drei Minuten)
- Redezeit exakt einhalten; Trainer gibt kurz vor Ablauf der Redezeit (ca. 15 Sekunden) ein Signal
- Teilnehmer zieht verdeckt eine beliebige Karteikarte und übergibt diese dem Trainer, ohne das Stichwort gelesen zu haben
- Trainer nennt laut das Stichwort und startet die Stoppuhr
- Teilnehmer beginnt sofort mit der Stegreif-Rede zu dem genannten Stichwort

Bedingung:
- Redner muss ununterbrochen sprechen
- Mit dem Satz „Ich komme im Moment nicht weiter" überbrückt der Redner Lücken im Redefluss; gegebenenfalls wiederholt er ihn mehrfach

3. Trainieren Sie regelmäßig Stegreif-Reden

Haben Sie schon einmal über folgendes Phänomen nachgedacht?

Wiederholung macht den Meister.

Je öfter Sie eine Aussage in der Vergangenheit gemacht haben, um so souveräner und perfekter können Sie diese Aussage in einer neuen Kommunikationssituation formulieren.

Die Erklärung liefert die moderne Gehirnforschung. Sie hat nachgewiesen, dass unser Gehirn nach einem Grundsatz arbeitet, der für jede Verkehrsplanung selbstverständlich ist. Nur wenn ein Verkehrsweg regelmäßig und intensiv frequentiert wird, lohnt sein Ausbau.

Jeder neue Gedanke muss sich einen ersten Weg durch den Dschungel der Nervenzellen in unserem Gehirn bahnen. Wird dieser Gedanke in der Folge immer wieder gedacht und die angelegte Nervenbahn genutzt, so baut das Gehirn den schmalen, unwegsamen Pfad kontinuierlich aus. Wird der Gedanke auch noch regelmäßig ausgesprochen, so verstärkt sich dieser Prozess, weil durch das Sprechen wesentlich mehr Nervenareale aktiviert werden. Aus dem Pfad wird ein Weg, dann eine Straße und letztlich eine Autobahn. Auf dieser Datenautobahn kann unser Gedanke dahinrasen, es fällt uns leicht, ihn auszudrücken, die Formulierungen „fliegen uns nur so zu".

Sie können diesen Zusammenhang leicht überprüfen. Halten Sie zu einem beliebigen Stichwort eine Stegreif-Rede von einer Minute. Wiederholen Sie diese Rede mehrmals hintereinander. Sie werden feststellen, dass Sie ein immer besserer Redner werden.

Reden lernt man nur durch Reden.

Die Konsequenzen für Ihr Redetraining sind offensichtlich:

Sie müssen Ihr Training so aufbauen, dass Sie die Gedanken Ihrer Rede immer wieder sprech-denkend frei formulieren. Nur dann wird die Datenautobahn in Ihrem Gehirn ausgebaut, auf der Ihnen später vor Ihrem Publikum die Ideen und Formulierungen „zufliegen" können.

Auch mentales Sprech-Denken-Training fördert den Ausbau von „Datenautobahnen" im Gehirn.

Wenn Sie nicht laut sprechen können (wollen), praktizieren Sie ein mentales „Sprech-Denken-Training". Bei einem solchen mentalen Vortrag sprechen Sie Ihren Text mit Zungen- und Kehlkopfbewegungen, nur Sie geben keinen Ton von sich. Dieses „Still-Reden" fördert den Ausbau Ihrer „Datenautobahnen" genauso wie lautes Sprechen.

✖ Training

Trainieren Sie Stegreif-Reden zu mehreren Stichwörtern.
– Schlagen Sie in einem Buch oder in einer Zeitschrift eine beliebige Seite auf. Ermitteln Sie auf dieser Seite das erste und letzte Nomen. Halten Sie eine Stehgreif-Rede, in der Sie diese beiden Begriffe thematisch miteinander verbinden.
– Erhöhen Sie den Schwierigkeitsgrad. Bestimmen Sie durch Würfeln die Anzahl der Stichwörter. Schlagen Sie willkürlich in einem Buch die entsprechende Anzahl von Seiten auf. Entnehmen Sie jeder Seite das erste Nomen als Stichwort. Reden Sie spontan zu diesen Begriffen, wobei Sie sie aber thematisch miteinander verknüpfen müssen.

Literatur

Hier können Sie sich weitergehend informieren:

Berchem, Frank: Gehirn-Jogging. Mosaik Verlag. München 1994

Birkenbihl, Vera F.: Rhetorik. Redetraining für jeden Anlass. Urania Verlag. Berlin 1997

4.2   Planen einer Rede

4.2.1   Sie „spinnen" einen „roten Faden" für Ihre Rede

Situation

Im Rahmen einer Betriebsbesichtigung besucht eine Schülergruppe (Alter: 17 bis 19 Jahre, 10 Schülerinnen, 8 Schüler, 1 Lehrerin) die Unternehmung, in der Sie beschäftigt sind. Sie haben den Auftrag, die Besucher zu begrüßen. In Ihrer fünfminutigen Begrüßungsrede sollen Sie die Gruppe auf die Führung vorbereiten und einstimmen.

Auf eine ausführliche Beschreibung des Produktionsprozesses ist zu verzichten. Sie erfolgt im Rahmen der Besichtigung mit Hilfe eines Video-Films.

Handlungs-auftrag

Informieren Sie sich mit Hilfe der folgenden Erläuterungen über die inhaltliche Planung einer Rede. Entwerfen Sie dann in Stichworten ein gegliedertes Redekonzept für Ihre Begrüßungsrede.

1. Beachten Sie die Aufteilung in „Einleitung – Hauptteil – Schluss"

Information

Nur eine schlüssige und nachvollziehbare Abfolge von Sinneinheiten vermittelt Ihren Zuhörern das Gefühl, verstanden zu haben. Dann ist gewährleistet, dass Sie Ihr Ziel (Überzeugung, Information, Unterhaltung) erreichen. Deshalb muss Ihre Rede klar gegliedert sein.

Wichtig: klare Gliederung

1.1 Wecken Sie das Interesse der Zuhörer durch einen effektvollen Beginn

„Fallen Sie nicht mit der Tür ins Haus".

Ihr Beginn entscheidet schon über Erfolg oder Misserfolg. In der Einleitung muss es Ihnen gelingen, die Aufmerksamkeit der Zuhörer zu gewinnen. Verschiedene Gestaltungsmöglichkeiten stehen wahlweise oder kombiniert für einen effektvollen Anfang zur Verfügung. Selbstverständlich müssen Sie dabei immer einen Bezug zum Thema herstellen.

1. Kurze Storys oder Zitate

„Packen" Sie Ihre Zuhörer mit einer kurzen Story oder einem Zitat.

Tragen Sie lebendig ein persönliches Erlebnis, eine originelle Geschichte, einen amüsanten Witz, eine geistreiche Anekdote oder ein anschauliches Gleichnis vor. Solche Storys sprechen Kopf und Gefühl an, sind leicht verständlich und gut zu merken. Oder beginnen Sie mit einem treffenden Zitat einer bekannten Persönlichkeit.[1]

2. Überraschungseffekte

„Schocken" Sie Ihr Publikum mit einem Überraschungseffekt.

Verblüffen Sie Ihr Publikum mit der Präsentation eines Gegenstandes bzw. Bildes oder provozieren Sie es, indem Sie Altbekanntes aus einer völlig neuen Perspektive schildern (Verfremdungseffekt).

3. Echte und rhetorische Fragen

Gewinnen Sie durch Fragen die Aufmerksamkeit Ihres Auditoriums.

Konfrontieren Sie Ihr Auditorium mit einer unerwarteten Frage, z. B. „Wissen Sie eigentlich, was sich heute vor 10 Jahren ereignet hat?" Diese Frage können Sie sowohl als echte als auch als rhetorische Frage stellen. Im ersten Fall geben Sie mehreren Zuhörern tatsächlich die Möglichkeit zu antworten, bevor Sie bei Bedarf selbst die erwartete Antwort geben. Bei einer rhetorischen Frage erwarten Sie dagegen keine Antwort, sondern sprechen nach einer kleinen Pause selbst weiter. Mit Hilfe von Nachschlagewerken können Sie sich über historische Ereignisse am Tag ihrer Rede informieren.[2]

Für welche Variante Sie sich auch immer entscheiden, für jede Einleitung gilt:

Merke
- Anschaulich und lebendig reden
- Schnell zur Sache kommen
- Sich nicht für irgendetwas entschuldigen
- Zum Hauptteil überleiten (Gliederung des Hauptteils stichwortartig vorstellen)

---

[1] *Siehe Literaturhinweise am Ende dieses Kapitels*
[2] *Siehe Literaturhinweise am Ende dieses Kapitels*

1.2 Legen Sie ein Strukturschema für den Hauptteil fest

Mit einer Rede können Sie unterschiedliche Ziele verfolgen. Es kann sein, dass Sie in erster Linie informieren, überzeugen oder unterhalten wollen. In Abhängigkeit von Ihrer Intention dominieren im Hauptteil die Darstellung von Fakten, die Ausführung von Argumenten usw.

In allen Fällen muss es Ihnen gelingen, Ihre Gedanken zu systematisieren. Verschiedene Grundschemata stehen für diese Systematisierung zur Verfügung. Insbesondere wenn Sie in erster Linie über Fakten informieren oder Entwicklungen beschreiben wollen, bieten sich drei Modelle an.

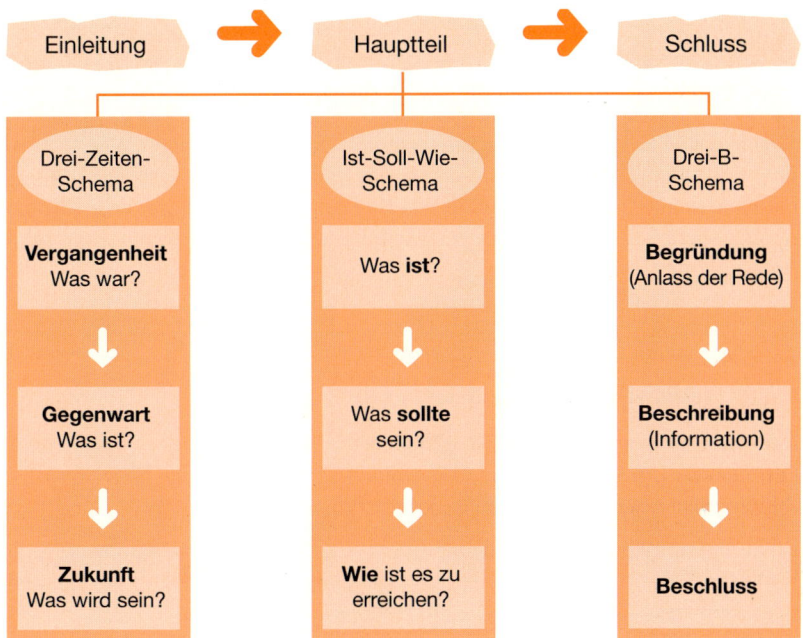

1.3 Ende gut – alles gut: Setzen Sie einen markanten Schlusspunkt

„Eine Rede ist wie eine Liebesaffäre: Jeder Dummkopf kann sie beginnen; sie zu beenden erfordert jedoch einige Geschicklichkeit."

(Lord Mancroft)

Auch bei einer Rede werden erste Eindrücke von nachfolgenden überlagert. Ein wirkungsvoller Abschluss ist deshalb genauso bedeutsam wie eine effektvolle Einleitung. Vereinfacht gilt:

Der letzte Eindruck bleibt in der Erinnerung Ihrer Zuhörer haften.

Der Schluss einer Rede muss merk-würdig sein.

Mittelmäßige Rede	Gute Rede
+ Guter Schluss	+ Schlechter Schluss
= Gute Rede	= Schlechte Rede

Auf diese Weise bringen Sie im Schlussabschnitt Ihre Botschaft am besten ins Ziel:

1. Frischen Sie die Aufmerksamkeit Ihres Publikums auf

Machen Sie es neugierig auf Ihren Schluss. Setzen Sie dazu die bekannten effektvollen Mittel ein (persönliches Erlebnis, originelle Geschichte, amüsanter Witz, geistreiche Anekdote, Präsentation eines Bildes oder Gegenstandes, Verfremdungseffekt u. a.).

2. Rufen Sie kurz und prägnant Ihre Kerngedanken in Erinnerung

Beschränken Sie sich aber auf die Nennung der Schlüsselbegriffe (z. B. zentrale Argumente, Informationen) und vermeiden Sie eine erneute Erläuterung. Verwenden Sie dieselben Begriffe wie im Hauptteil. Der Wiedererkennungseffekt seitens der Zuhörer trägt mit dazu bei, dass diese sich mit Ihren Aussagen identifizieren.

3. Fordern Sie zum (gedanklichen) Handeln auf

Den Schlussappell einprägsam und effektvoll herausstellen

Der Schlussappell ist Ihre letzte Möglichkeit, Ihr Publikum zu beeinflussen. Formulieren Sie einen prägnanten, einfachen, einprägsamen Satz, den die Zuhörer leicht behalten können und der lange nachwirkt.

Sollte ein unmittelbarer Appell nicht zum Thema bzw. zur Zielsetzung Ihrer Rede passen, dann geben Sie einen optimistischen Ausblick in die Zukunft oder motivieren Sie zum zukünftigen Handeln.

4. Verstärken Sie die Wirkung des Schlussabschnittes durch rhetorische Mittel und/oder nutzen Sie die Möglichkeiten der Visualisierung

Heben Sie den Schluss deutlich ab. Legen Sie dazu eine kurze Sprechpause ein und nehmen Sie bewusst Blickkontakt zum Publikum auf. Wechseln Sie die Lautstärke, die Tonlage oder die Sprechgeschwindigkeit. Präsentieren Sie Ihren Appell gegebenenfalls parallel auf einem zweiten Kanal (Folie auflegen, Flipchart-Seite aufklappen u. a.).[1]

---

[1] *Vgl. S. 30 ff.*

2. Planen Sie Ihre Rede systematisch

Die folgende Übersicht verdeutlicht die zentralen Arbeitsschritte, die Sie beachten sollten.

Nr.	Planungsschritt	Erläuterung
1.	Legen Sie das Ziel Ihrer Rede fest.	Schreiben Sie sich einen präzisen Zielsatz auf, z. B.: Meine Zuhörer sollen wissen, dass ... oder Ich will meine Zuhörer davon überzeugen, dass ...
2.	Werden Sie sich über Ihr Publikum klar.	• Was erwarten die Zuhörer von meiner Rede? • Welche Bedürfnisse, Hoffnungen, Interessen, Ängste und Fragen verbinden die Zuhörer mit dem Thema meiner Rede? • Welche Ausdrucksweise hilft meinen Zuhörern am ehesten meine Rede zu verstehen? Insbesondere, ist der Einsatz einer Fachsprache möglich oder sogar erforderlich? • u. a.
3.	Sammeln Sie Stoff. Berücksichtigen Sie dabei Ihre Zielsetzung und Ihr Publikum.	• Z. B.: Fakten, Argumente, Beispiele, Zitate, Einwände, Widerlegungen, Witze, Anekdoten • Nutzen Sie verschiedene Stoffsammlungstechniken[1]. • Beginnen Sie mit diesem Planungsschritt nicht zu spät. Oft kommen die besten Einfälle nach und nach im Alltag, wenn Sie gar nicht mit der Rede beschäftigt sind. Stellen Sie sicher, dass Sie sich diese spontanen Ideen immer sofort notieren können.
4.	Gliedern Sie den Stoff.	Ordnen Sie Ihren Stoff unter verschiedenen Aspekten. Greifen Sie dazu – wenn es sich anbietet – auf ein Grundmodell zurück (z. B. Drei-Zeiten-Schema).
5.	Notieren Sie Möglichkeiten der Visualisierung.	• Braucht meine Rede eine visuelle Unterstützung? • Welche Bilder, Gegenstände, Graphiken eignen sich zur Visualisierung? • Welche Hilfsmittel benötige ich zur Visualisierung? (z. B. Overheadprojektor, Flipchart)

---

[1] *Vgl. S. 22 ff.*

 **Training**

Entwerfen Sie eine stichwortartige Gliederung für eine Rede zu einem der folgenden Themen oder zu einem von Ihnen gewählten Thema.

Themenvorschläge:

1. Als Schülersprecher halten Sie vor der Schülerversammlung eine Rede zur Unterstützung der Aktion „Saubere Schule".

2. Als Mitglied der Jugend- und Auszubildendenvertretung halten Sie auf einer Ausbildungsmesse eine Rede zur Wahl Ihres Ausbildungsberufes.

Nutzen Sie bei Ihrer Stoffsammlung auch die Kreativ-Technik des Mind-Mapping[1].

Beachten Sie insbesondere auch folgende Aspekte:
- Welche Grundgedanken und Inhalte eignen sich für eine effektvolle Einleitung und einen einprägsamen Schluss?
- Mit welchen Medien kann ich meine Ausführungen visualisieren?

 **Literatur**

Hier können Sie sich weitergehend informieren:

Harenberg. Lexikon der Sprichwörter und Zitate. Harenberg Verlag. Dortmund 1997

Puntsch, Eberhard: Zitatenhandbuch Band 1. Für Wissenschaftler, Journalisten, Politiker, Künstler, Manager, Redner, Erzieher, Korresponden. mi-Verlag. 13. Auflage. Landsberg 1993

Zitatenhandbuch Band 2. Eine besondere Auswahl aus drei Jahrtausenden. mi-Verlag. 3. Auflage. Landsberg 1994

Skupy, Hans-Horst (Hrsg.): Das große Handbuch der Zitate. Orbis Verlag. München 1997

Was geschah am ...? Alle Ereignisse der Geschichte, geordnet nach den Tagen des Jahres. Harenberg Verlag. Dortmund 1996

---

[1] Vgl. S. 24 ff.

4.2.2 Sie gestalten Ihre Rede überzeugend

Ratschläge für einen schlechten Redner   Kurt Tucholsky

 **Situation**

Fang nie mit dem Anfang an, sondern immer drei Meilen vor dem Anfang! Etwa so: "Meine Damen und meine Herren! Bevor ich zum Thema des heutigen Abends komme, lassen Sie mich Ihnen kurz ..."

Hier hast du schon so ziemlich alles, was einen schönen Anfang ausmacht: eine steife Anrede; der Anfang vor dem Anfang; die Ankündigung, dass und was du zu sprechen beabsichtigst, und das Wörtchen kurz. So gewinnst du im Nu die Herzen und die Ohren der Zuhörer.

Denn das hat der Zuhörer gern: dass er deine Rede wie ein schweres Schulpensum aufbekommt; dass du mit dem drohst, was du sagen wirst, sagst und schon gesagt hast. Immer schön umständlich.

Sprich nicht frei – das macht einen so unruhigen Eindruck. Am besten ist es: du liest deine Rede ab. Das ist sicher, zuverlässig, auch freut es jedermann, wenn der lesende Redner nach jedem viertel Satz misstrauisch hochblickt, ob auch noch alle da sind.

Wenn du gar nicht hören kannst, was man dir so freundlich rät, und du willst durchaus und durchum frei sprechen ... du Laie! Du lächerlicher Cicero[1]! Nimm dir doch ein Beispiel an unsern professionellen Rednern, an den Reichstagsabgeordneten – hast du die schon mal frei sprechen hören? Die schreiben sich sicherlich zu Hause auf, wann sie "Hört! Hört!" rufen ... ja, also wenn du denn frei sprechen musst:

Sprich, wie du schreibst. Und ich weiß, wie du schreibst.

Sprich mit langen, langen Sätzen – solchen, bei denen du, der du dich zu Hause, wo du ja die Ruhe, deren du so sehr benötigst, deiner Kinder ungeachtet, hast, vorbereitest, genau weißt, wie das Ende ist, die Nebensätze schön ineinandergeschachtelt, so dass der Hörer, ungeduldig auf seinem Sitz hin und her träumend, sich in einem Kolleg während, in dem er früher so gern geschlummert hat, auf das Ende solcher Periode wartet ... nun, ich habe dir eben ein Beispiel gegeben. So musst du sprechen.

Fang immer bei den alten Römern an und gib stets, wovon du auch sprichst, die geschichtlichen Hintergründe der Sache. Das ist nicht nur deutsch – das tun alle Brillenmenschen. Ich habe einmal in der Sorbonne einen chinesischen Studenten sprechen hören, der sprach glatt und gut französisch, aber er begann zu allgemeiner Freude so: "Lassen Sie mich Ihnen in aller Kürze die Entwicklungsgeschichte meiner chinesischen Heimat seit dem Jahre 2000 vor Christi Geburt ..." Er blickte ganz erstaunt auf, weil die Leute so lachten.

So musst du das auch machen. Du hast ganz recht: man versteht es ja sonst nicht, wer kann denn das alles verstehen, ohne die geschichtlichen Hintergründe ... sehr richtig! Die Leute sind doch nicht in deinen Vortrag gekommen, um lebendiges Leben zu hören, sondern das, was sie auch in den Büchern nachschlagen können ... sehr richtig! Immer gib ihm Historie, immer gib ihm.

---

[1] *Marcus Tullius Cicero, berühmter Redner des alten Rom (106–43 v. Chr.)*

Kümmere dich nicht darum, ob die Wellen, die von dir ins Publikum laufen, auch zurückkommen – das sind Kinkerlitzchen. Sprich unbekümmert um die Wirkung, um die Leute, um die Luft im Saale; immer sprich, mein Guter. Gott wird es dir lohnen.

Du musst alles in die Nebensätze legen. Sag nie: "Die Steuern sind zu hoch." Das ist zu einfach. Sag: "Ich möchte zu dem, was ich soeben gesagt habe, noch kurz bemerken, dass mir die Steuern bei weitem ..." So heißt das.

Trink den Leuten ab und zu ein Glas Wasser vor – man sieht das gern.

Wenn du einen Witz machst, lach vorher, damit man weiß, wo die Pointe ist. Eine Rede ist, wie könnte es anders sein, ein Monolog.

Weil doch nur einer spricht. Du brauchst auch nach vierzehn Jahren öffentlicher Rednerei noch nicht zu wissen, dass eine Rede nicht nur ein Dialog, sondern ein Orchesterstück ist: eine stumme Masse spricht nämlich ununterbrochen mit. Und das musst du hören. Nein, das brauchst du nicht zu hören. Sprich nur, lies nur, donnere nur, geschichtele nur.

Zu dem, was ich soeben über die Technik der Rede gesagt habe, möchte ich noch kurz bemerken, dass viel Statistik eine Rede immer sehr hebt. Das beruhigt ungemein, und da jeder imstande ist, zehn verschiedene Zahlen mühelos zu behalten, so macht das viel Spaß.

Kündige den Schluss deiner Rede lange vorher an, damit die Hörer vor Freude nicht einen Schlaganfall bekommen. (Paul Lindau hat einmal einen dieser gefürchteten Hochzeitstoaste so angefangen: "Ich komme zum Schluss.") Kündige den Schluss an, und dann beginne deine Rede von vorn und rede noch eine halbe Stunde. Dies kann man mehrere Male wiederholen.

Du musst dir nicht nur eine Disposition machen, du musst sie den Leuten auch vortragen – das würzt die Rede.

Sprich nie unter anderthalb Stunden, sonst lohnt es gar nicht erst anzufangen. Wenn einer spricht, müssen die andern zuhören – das ist deine Gelegenheit! Missbrauche sie.

Kurt Tucholsky: Ausgewählte Werke. Bd. 1. Reinbek: Rowohlt 1965. S. 187–189

 **Handlungs-auftrag**

1. Lesen Sie den obigen Text den anderen Mitgliedern Ihrer Lerngruppe laut vor. Beachten Sie dabei die Anforderungen an ein rhetorisch geschultes Lesen. Informieren Sie sich bei Bedarf vorab über die Technik des Vorlesens.[1]

2. Woran erkennen Sie, dass dieser Text ironisch gemeint ist? Leiten Sie aus dem Text ernstgemeinte Ratschläge für einen guten Redner ab.

3. Informieren Sie sich mit Hilfe des folgenden Informationsteils über Anforderungen an die inhaltliche Ausgestaltung einer Rede. Weisen Sie nach, dass diese Grundsätze auch in dem Tucholsky-Text thematisiert werden.

[1] Vgl. S. 39 f.

4. *Beantworten Sie für Ihr Gliederungskonzept „Begrüßungsrede"[1] folgende Fragen:*
   - *Ist mein Stichwortkonzept mit zu vielen Informationen überladen?*
   - *Sind in meiner Rede „Erholungspausen" für das Publikum erforderlich? Wenn ja, an welchen Stellen in meinem Konzept bieten sich Zusammenfassungen, Wiederholungen an?*
   - *Mit welchen Beispielen kann ich abstrakte Sachverhalte veranschaulichen?*
   - *Mit welchen Techniken werde ich die einzelnen Abschnitte meiner Rede sprachlich verknüpfen?*

Beachten Sie 10 Ratschläge für eine gute Rednerin

 **Information**

Eine gute Rednerin ...
- redet nicht über 20 Minuten.
- beschränkt sich auf ca. drei Kerngedanken.
- entwickelt ihre Gedanken übersichtlich und prägnant.
- baut kurze Wiederholungen, Zusammenfassungen, Beispiele ein.
- redet anschaulich, nicht abstrakt.
- führt mit ihren Zuhörern einen fiktiven Dialog.
- „geleitet" ihre Zuhörer mittels Überleitungen durch ihre Rede.
- bevorzugt den Kurz-Satz-Stil.
- trifft die Sprache ihrer Zuhörer.
- visualisiert ihre Aussagen.

„Wer so spricht, dass er verstanden wird, spricht immer gut." (Molière)

1. Zeit ist Geld: Stehlen Sie Ihren Zuhörern nicht kostbare Zeit

Halten Sie die vereinbarte Redezeit unbedingt ein. Nur wenige können länger als 20 Minuten konzentriert zuhören. Niemand erwartet, dass in einem Vortrag alles gesagt wird. Beschränken Sie sich daher.

Über alles darf man reden, nur nicht über 20 Minuten.

---

[1] *Vgl. S. 45*

2. Weniger ist oft mehr: Überfordern Sie nicht das Gedächtnis Ihrer Zuhörer

Der Hauptteil Ihrer Rede sollte höchstens drei bis vier Kerngedanken (Informationen, Argumente) umfassen. Beschränken Sie sich, auch wenn Sie mehr wissen. Ansonsten überstrapazieren Sie die Gedächtnisleistung Ihres Publikums.

Je mehr man sagt, desto mehr ist es nichts. (Sulamith Sparre)

3. Bieten Sie Ihre Gedanken prägnant und präzise dar

In allen Medien geht der Trend zur knappen, schlaglichtartigen Darstellungsweise. Sie können sich über diese Entwicklung in den Lese-, Seh- und Hörgewohnheiten nicht hinwegsetzen. Präsentieren Sie Ihre Überlegungen ebenfalls kurz und präzise. Verweisen Sie zur weitergehenden Information gegebenenfalls auf Quellentexte und Fachliteratur.

Wie es das Zeichen großer Köpfe ist, viel mit wenigen Worten zu sagen, ist es das Zeichen kleiner, viel zu reden und nichts zu sagen. (La Rochefoucauld)

4. „Erschlagen" Sie Ihr Publikum nicht, gönnen Sie ihm Erholungspausen

Überfordern Sie Ihre Zuhörer nicht mit einer ununterbrochenen Abfolge von aktuellen Fakten und schlagkräftigen Argumenten. Man braucht Phasen, in denen man neue Informationen verarbeiten kann. Achten Sie deshalb auf einen ausgewogenen Wechsel zwischen Höhepunkten und Ausruhphasen (kurze Wiederholungen, Zusammenfassungen, veranschaulichende Beispiele u. a.).

Eine gute Rede soll das Thema erschöpfen, nicht die Zuhörer. (Winston S. Churchill)

5. Reden Sie „an-schaulich", nicht abstrakt.

Arbeiten Sie mit Beispielen und Vergleichen, die möglichst aus der Erfahrungs- oder Vorstellungswelt Ihrer Zuhörer stammen. Konkretisierungen machen einen abstrakten Sachverhalt begreifbar und erhöhen die Überzeugungskraft.

Um sich begreiflich zu machen, muss man zum Auge reden.
(Johann Gottfried von Herder)

Abstrakte Darstellungsweise

Die Kürzung der Lohnfortzahlung im Krankheitsfall ist sozial unausgewogen. Kranke Arbeitnehmer bzw. Arbeitnehmerinnen werden zusätzlich einer materiellen Belastung ausgesetzt und geraten in eine existentielle Notlage.

Konkrete Darstellungsweise

Die Kürzung der Lohnfortzahlung im Krankheitsfall ist sozial unausgewogen. Da ist die krebskranke alleinerziehende Mutter, die sich einer schweren Operation und anstrengenden Nachbehandlung unterziehen muss. Sie erhält nur noch 80 % ihres letzten Nettogehaltes. Und, meine Damen und Herren, deren Miete, Versicherungsbeiträge, Ausgaben für den Lebensunterhalt und für das Kind usw., verringern die sich etwa auch um 20 %?

6. Halten Sie Kontakt mit Ihrem Publikum

Sprechen Sie Ihr Publikum schon in der Einleitung an. Halten Sie diese Verbindung aufrecht, indem Sie es immer wieder in Ihre Gedanken mit einbeziehen. Stellen Sie dazu rhetorische oder auch echte Fragen an Ihre Zuhörer. Oder bauen Sie entgegengesetzte Auffassungen in Ihre Rede ein, z. B. „Da gibt es Leute, die meinen, dass ...", „Manch einer ist vielleicht der Ansicht, dass ..."

Führen Sie über (rhetorische) Fragen einen (fiktiven) Dialog mit Ihrem Publikum.

7. Stellen Sie zwischen den Redeteilen und Kerngedanken sprachliche Verbindungen her

Setzen Sie dazu abwechselnd folgende Überleitungs-Techniken ein:

- Stellen Sie am Ende eines Abschnittes eine rhetorische Frage, z. B. „Zu welchen Konsequenzen kann nun diese Entscheidung führen?"
- Wiederholen Sie zu Beginn eines neuen Absatzes den vorangegangenen zentralen Schlüsselbegriff.
- Weisen Sie ausdrücklich auf den Übergang zum nächsten Gliederungspunkt hin.
- Benutzen Sie typische Überleitungswörter, z. B. des weiteren, außerdem, dagegen.

„Nehmen Sie Ihre Zuhörer an die Hand" und leiten Sie sie durch Ihre Rede.

8. Bevorzugen Sie einen einfachen Satzbau

Einfach aufgebaute, kurze Sätze sind in der Regel verständlicher. Sie sollten deshalb bevorzugt überschaubare Hauptsätze und einfache Satzgefüge (Verbindung von Haupt- und Nebensatz) einsetzen. Das heißt aber nicht, dass in Ihrer Rede nicht auch komplexere Satzstrukturen vorkommen dürfen. Variieren Sie deshalb im Satzbau. Wichtig ist nur, dass längere Sätze in ihrem Aufbau noch verständlich sind.

Bevorzugen Sie einen Kurz-Satz-Stil, aber übertreiben Sie es nicht.

9. Orientieren Sie sich bei Ihrer Wortwahl an der Sprache Ihrer Zuhörer

Ein Leser kann bei Verständnisschwierigkeiten zurückblättern, einen komplizierten Satz noch einmal lesen, einen unbekannten Begriff nachschlagen. Der Zuhörer einer Rede hat diese Eingriffsmöglichkeiten nicht. Achten Sie bei der Wortwahl deshalb darauf, dass Sie eine Sprache sprechen, die Ihre Zuhörer auf Anhieb verstehen. Setzen Sie Fremdwörter und fachsprachliche Formulierungen nur ein, wenn sie allgemein verständlich sind oder wenn Ihr Fachpublikum dies von Ihnen erwartet.

Sprechen Sie die Sprache Ihrer Zuhörer.

10. Nutzen Sie die Möglichkeiten der Visualisierung[1]

Was man hört und sieht behält man besser. Präsentieren Sie entscheidende Aspekte Ihrer Rede (z. B. Gliederung, Kernaussagen, Hauptargumente, Appell) auch visuell. Nutzen Sie verschiedene technische Möglichkeiten (z. B. Overhead-Projektor, Flip-Chart, Pinnwand).

Führen Sie Ihren Zuhörern das Wesentliche auch „vor Augen".

---

[1] *Vgl. S. 30 ff.*

 **Training**

Das Gedächtnis ist ein sonderbares Sieb: Es behält alles Gute von uns und alles Üble von den anderen.

1. Test – Wie trainiert ist Ihr Gedächtnis?

Das Gedächtnis Ihrer Zuhörer ist unterschiedlich trainiert. Deshalb sollten Sie sich als Rednerin auf drei bis vier Hauptgedanken beschränken. Mit folgender Trainingsaufgabe können Sie Ihre eigene Gedächtnisleistung überprüfen.

Schauen Sie sich im Fernsehen eine Hauptnachrichtensendung (z. B. Tagesschau, heute) an und zeichnen Sie sie mit Video auf. Zählen Sie unmittelbar nach der Sendung stichwortartig die übermittelten Nachrichten auf. Vergleichen Sie mit Hilfe der Videoaufnahme, wie viele Nachrichten Sie behalten haben.

2. *In einer Rede über die Staatsverschuldung präsentiert die Rednerin in der Einleitung eine Folie mit der folgenden Zahl. Sie fordert ihre Zuhörer auf, diese Zahl zu lesen. Nach freiwilliger Meldung erhalten einige Personen aus dem Publikum auch die Möglichkeit, laut vorzulesen.*

> 2.105.657.456.132

Im weiteren Verlauf ihrer Rede konfrontiert Sie das Publikum mit einer echten Frage:
„Die Staatsschulden in der Bundesrepublik Deutschland betragen ca. 1,1 Billionen Euro. Wie viel Euro hätte man nach Ihrer Vermutung seit der Geburt Jesu jeden Monat auf ein Sparbuch einzahlen müssen, um heute über diesen Betrag einschließlich Zinsen und Zinseszinsen (Zinssatz 8 %) verfügen zu können?"

Welche der oben erläuterten Ratschläge beachtet die Rednerin? Welche Wirkung erzielt sie damit bei ihren Zuhörern? Entwerfen Sie für andere abstrakte Sachverhalte ähnliche Strategien.

 **Literatur**

Hier können Sie sich weitergehend informieren:

Krieger, Paul/Hantschel, Hans-Jürgen: Handbuch Rhetorik. Falken Verlag. Niedernhausen/Ts. 1998

4.2.3 Sie entwerfen Stichwort-Karten als Manuskript

1. *Lesen Sie sich den folgenden Text einmal konzentriert durch. Schlagen Sie dann das Buch zu und wiederholen Sie diesen Text aus dem Gedächtnis.*

Handlungsauftrag

> **Zweibein sitzt auf Dreibein, hält Einbein. Kommt Vierbein, nimmt Zweibein Einbein weg. Nimmt Zweibein Dreibein, schlägt Vierbein mit Dreibein. Hat Zweibein Einbein wieder.**

2. *Stellen Sie sich zum obigen Text folgende Geschichte vor:*

Ein Mensch (Zweibein) sitzt auf einem dreibeinigen Schemel (Dreibein) und hält ein Hühnerbein (Einbein) in der Hand. Da kommt ein Hund (Vierbein) angelaufen und schnappt dem Menschen den Knochen weg. Verärgert nimmt der Mensch den Schemel, schlägt den Hund damit und hat den Knochen zurück.

Versuchen Sie mit dieser Gedächtnisstütze erneut, den obigen Text auswendig wiederzugeben.

3. *Informieren Sie sich mit Hilfe des folgenden Informationsteils über die sogenannte „bildhafte Assoziation" und das Stichwort-Karten-Manuskript. Fertigen Sie mit diesem Wissen ein Stichwort-Karten-Manuskript für Ihre „Begrüßungsrede"[1] an.*

4. *Zahlreiche Redner neigen dazu, ihre Rede im genauen Wortlaut aufzuschreiben und diese Niederschrift als Redemanuskript zu benutzen. Welche Nachteile und Gefahren sind mit einem ausformulierten Manuskript verbunden?*

I. Erhöhen Sie Ihr Erinnerungsvermögen durch „bildhafte Assoziationen"

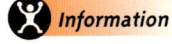
Information

Konnten auch Sie den relativ verwirrenden Text über „Einbein und Vierbein" problemlos aus dem Gedächtnis wiedergeben, nachdem Sie sich die Bildgeschichte vorgestellt hatten?

Die Erklärung liefert die moderne Gehirnforschung. Man kann sich neue Informationen (Fakten, gedankliche Zusammenhänge) besser merken, wenn man sie gedanklich mit bildhaften Gegenständen assoziiert, d. h. verknüpft.

---

[1] *Vgl. S. 45*

Bauen Sie sich eine Abfolge bildhafter „Eselsbrücken" auf. Dann verlieren Sie nicht den „Faden".

Jede Rede setzt sich aus einer Reihe von Gedankenfolgen (Fakten, Argumente, Beispiele, Beschreibungen u. a.) zusammen. Gerade in der Stress-Situation des Vortrags besteht die Gefahr, dass Sie den Überblick, den „Faden" verlieren. Vermeiden Sie dieses Risiko, indem Sie die aufeinanderfolgenden Kerngedanken Ihrer Rede an Bildern (vertrauten Gegenständen) aufhängen. Wenn Sie dann Ihre Rede vortragen, rufen Sie sich diese Bildfolge in Erinnerung und lassen sich dadurch von einem zum anderen Aspekt Ihrer Rede führen.

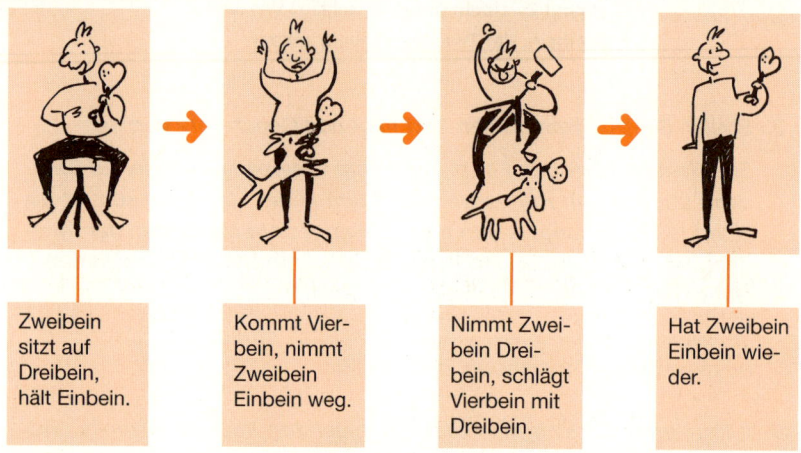

| Zweibein sitzt auf Dreibein, hält Einbein. | Kommt Vierbein, nimmt Zweibein Einbein weg. | Nimmt Zweibein Dreibein, schlägt Vierbein mit Dreibein. | Hat Zweibein Einbein wieder. |

Nutzen Sie diese Technik bei der Gestaltung Ihres Stichwort-Karten-Manuskripts.

2. Sie stützen Ihr Gedächtnis mit Stichwort-Karten

Fixieren Sie die Kerngedanken Ihrer Rede auf Stichwort-Karten. Gestalten Sie jede Karte übersichtlich mit Schlüsselbegriffen und Bild-Assoziationen.

Ihr Manuskript ist während des Vortrags Ihr wichtigstes Hilfsmittel. Eine bewährte Vorgehensweise ist es, sich von aufeinander folgenden Stichwortkarten durch seine Rede führen zu lassen.

Legen Sie zu jedem Kerngedanken (Einleitung, einzelne Informationen bzw. Argumente des Hauptteils, Schluss) eine Karte im DIN-A6-Format (Postkartengröße) an. Überschreiben Sie jede Karte mit einem Schlüsselbegriff, der den Inhalt des Redeabschnitts zusammenfasst. Vermerken Sie darunter stichwortartig weitere Informationen, die sich als Gedächtnisstütze eignen, z. B. Beispiele, zentrale Begriffe. Notieren Sie auch den Wortlaut von Zitaten, die Sie vorlesen wollen. Nummerieren Sie die Karten, damit Sie die richtige Reihenfolge immer wieder herstellen können.

Greifen Sie bei der Ausgestaltung Ihrer Manuskript-Karten auch auf die Technik der Bild-Assoziation zurück. D. h., halten Sie wichtige Redeteile in Form von bildhaften Symbolen fest.

Wichtig ist, dass die Stichwort-Karten übersichtlich bleiben. Steht zu viel auf einer Karte, verwirren die Notizen.

Beispiel:

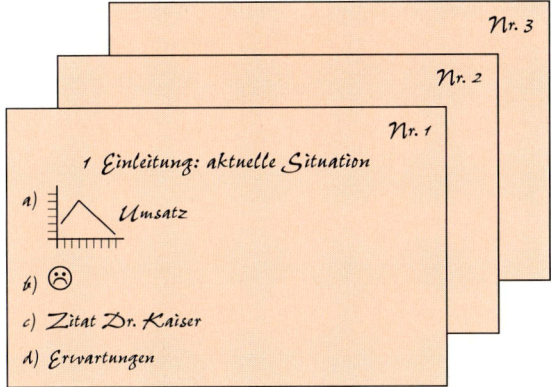

Suchen Sie zu jedem Lebensabschnitt/Datum eine geeignete Bild-Asso-
ziation. Gestalten Sie mit diesen Assoziationen ein Stichwort-Karten-
Manuskript. Halten Sie damit einen Kurzvortrag über das Leben Heinrich
Heines.

13.12.1797	H. in Düsseldorf geboren.
1807–14	Er besucht das Gymnasium in Düsseldorf.
1811	Er beobachtet Napoleons Einzug in Düsseldorf.
1815–16	Er macht eine kaufmännische Lehre.
1815–48	Zeitalter der Restauration.
1816	H. verliebt sich vermutlich in seine Cousine Amalie, die 1821 einen Großgrundbesitzer heiratet.
1817	H. veröffentlicht seine ersten Gedichte.
1818–19	Seine ersten Geschäftserfahrungen enden mit einem Bankrott.
1819–25	Er studiert Jura mit Unterbrechungen in Bonn, Göttingen, Berlin.
28.06.1825	Er konvertiert zum Protestantismus.
Seit 1826	Er lebt von den „Reisebildern" und anderen journalistischen Arbeiten sowie von der Unterstützung durch seinen Onkel Salomon.
Okt. 1827	Das „Buch der Lieder" erscheint.
27.07.1830	Julirevolution in Paris, H. erhält die Nachricht während seines Sommerurlaubs auf Helgoland.
1830/31	Ärger mit seinem Mäzen, dem Onkel Salomon. Reibereien mit seinem Verleger Campe. Vergebliche Bewerbung um eine Ratsstelle in Hamburg. Verbot des vierten Bandes der „Reisebilder" in Preußen.
Mai 1831	Nach seiner Übersiedlung nach Paris lebt er von seinen journalistischen schriftstellerischen und literarischen Arbeiten, bleibt aber auf Unterstützung angewiesen.

1834	Er lernt Crescence Eugenie Mirat (Mathilde) kennen.
1835	Heines Schriften werden durch den Bundestagsbeschluss gegen das Junge Deutschland in ganz Deutschland verboten.
1841	Er heiratet Mathilde.
1843/44	Er reist zweimal nach Hamburg.
1844	Die „Neuen Gedichte" („Deutschland – ein Wintermärchen") erscheinen.
24.02.1848	Februarrevolution in Paris.
Seit Mai '48	Er ist durch zunehmende Lähmung ans Bett gefesselt („Matratzengruft").
1851	Der „Romanzero" erscheint.
17.02.1856	Heine stirbt.

Hier können Sie sich weitergehend informieren:

....

Berchem, Frank: Gehirnjogging. Mosaik Verlag. München 1994

Birkenbihl, Vera F.: Stroh im Kopf? – Gebrauchsanweisung für's Gehirn. Gabal Verlag. 31. Auflage. Offenbach 1997

Bower, Sharon/Kayser, Dietrich: Erfolgreich reden und überzeugen. Herder Verlag. Freiburg 1996

4.3   Einüben einer Rede

Der Besuch der Schülergruppe[1] steht kurz bevor. Das Gliederungskonzept Ihrer Rede steht fest. Die Kerngedanken können Sie sich leicht mit Hilfe einer assoziativen Bildfolge merken. Auf dieser Basis haben Sie auch Ihr Stichwort-Karten-Manuskript entworfen. Sie wollen nicht den Fehler zahlreicher Rednerinnen machen, die zwar viel Arbeit in die Planung ihrer Rede investieren, dem Trainings-Aspekt aber zu wenig Aufmerksamkeit schenken.

_____
[1]   Vgl. S. 45

Handlungs-auftrag

1. *Tauschen Sie im Gespräch mit den anderen Teilnehmerinnen Ihrer Lerngruppe Ihre Erfahrungen darüber aus, wie Sie in der Vergangenheit eine Rede eingeübt haben.*

2. *Lesen Sie die Erläuterungen zum „Sprech-Denken" sowie zur Arbeitsweise des Gehirns[1] und informieren Sie sich anhand des folgenden Informationsblocks darüber, wie Sie durch wiederholtes „Sprech-Denken" eine Rede trainieren können.*

3. *Eignen Sie sich durch wiederholtes „Sprech-Denken" die Bausteine Ihrer Begrüßungsrede an. Sie können dies alleine nur mit Hilfe eines Tonbandgerätes durchführen. Oder Sie wählen die Form der Partnerarbeit. Dabei übt zunächst der erste Partner „sprech-denkend" die Elemente seiner Rede ein und der andere gibt ständig ein „Feedback". Danach erfolgt ein Rollentausch.*

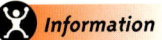

Information

1. Sprechen Sie frei

Auf keinen Fall sollten Sie Ihre Rede schriftlich ausformulieren und dann ablesen. Das dürfen allenfalls Ihre Vorgesetzten, die einmal im Jahr auf der Weihnachtsfeier des Betriebes vor ihren Mitarbeitern „eine Rede halten" müssen.

> *Eine Rednerin soll ihr Publikum **nicht anschreiben,** ihre Rede muss die Zuhörer **ansprechen.***

2. Trainieren Sie Ihre Rede durch „Sprech-Denken"

„Sprech-Denken" ist nichts anderes als lautes Nachdenken. Während Sie denken, sprechen Sie das Gedachte gleichzeitig aus. Diese Fähigkeit ist die Basis freien Sprechens. Sie müssen „Sprech-Denken" können, wenn Sie eine Rede frei halten. Dies kann auch eine „Mini-Rede" im Rahmen einer Diskussion oder Verhandlung sein.

Üben Sie Ihre Rede „sprech-denkend" ein.

> *Um eine gut improvisierte Rede halten zu können,*
> *braucht man mindestens drei Wochen.*
> *(Mark Twain)*

---

[1] *Vgl. S. 42 ff.*

Es ist unredlich, mit dem Üben erst vor den Zuhörern zu beginnen.

**Ablaufschema der
Trainingsmethode „Sprech-Denken"**

Nr.	Trainingsschritt	Erläuterung
1.	Wählen Sie einen Aspekt aus dem Gliederungskonzept Ihrer Rede aus.	Es sollte sich um einen zentralen Gedanken (z. B. Information, Argument, Einwand) handeln, den Sie in einem prägnanten Begriff oder in einer Bild-Assoziation zusammengefasst haben.
2.	Sprechen Sie zu diesem Aspekt frei und zeichnen Sie Ihre Ausführungen auf Band auf.	Sprechen Sie ohne Vorbereitung. Legen Sie keine Sprechpausen ein. Zwingen Sie sich dazu, ein möglichst umfassendes Statement abzugeben.
3.	Prüfen Sie Ihre erste Ausführung mit Hilfe der Bandaufzeichnung. Beachten Sie dabei die 10 Ratschläge für einen guten Redner.[1]	Hören Sie sich Ihre erste Fassung an und fragen Sie sich: ● Welche Formulierung ist mir besonders geglückt? ● Was gefällt mir noch nicht? (Welche Passagen finde ich langweilig, albern, unpassend, falsch usw.?)
4.	Sprechen Sie eine zweite Fassung frei auf Band.	Passagen, die Ihnen beim ersten Mal gefallen haben, wiederholen Sie, ansonsten konzentrieren Sie sich auf Verbesserungen.
5.	Prüfen Sie Ihre zweite Ausführung.	Achten Sie erneut auf gelungene Formulierungen und auf verbesserungswürdige Textstellen.
6.	Wiederholen Sie diesen Vorgang zu ein und demselben Aspekt mehrmals.	Die moderne Gehirnforschung hat nachgewiesen: Je öfter man einen neuartigen Gedanken denkt, vor allem ausspricht, desto leichter fällt es, diese Idee zu formulieren.[2]
7.	Eignen Sie sich durch die Arbeitsschritte 1 bis 6 weitere Einzelaspekte Ihrer Rede an.	Je mehr „Bausteine" Sie in Ihren Besitz bringen, desto professioneller werden Sie mit diesen Elementen das Gesamtgebilde Ihrer Rede frei errichten können, auch später vor Ihrem Publikum.
8.	Fügen Sie die Einzelelemente zur Gesamtrede zusammen.	Wenn Sie über genügend „Bausteine" verfügen, konstruieren Sie mit diesem Material „sprech-denkend" das „Gesamtgebäude" Ihrer Rede.
9.	Tragen Sie Ihre Gesamtrede mehrmals „sprech-denkend" frei vor.	Greifen Sie auf Ihr Stichwort-Karten-Manuskript nur zurück, wenn es unbedingt notwendig ist. Stoppen Sie die Redezeit. Kürzen Sie Ihren Redetext, wenn Sie die Zeit überschreiten. Führen Sie eine Generalprobe vor einer Vertrauensperson durch. Fordern Sie ein konkretes Feed-back ein.

---

[1] *Vgl. S. 53 ff.*
[2] *Vgl. S. 43 f.*

Üben Sie weitere Reden, für die Sie bereits ein Gliederungskonzept entwickelt haben, „sprech-denkend" ein.[1]

*Reden lernt man
nur durch
Reden.*

Hier können Sie sich weitergehend informieren:

Birkenbihl, Vera F.: Rhetorik. Redetraining für jeden Anlass. Urania Verlag.
Berlin 1997

4.4   Vortragen einer Rede

Der Tag X ist gekommen. Sie haben die Besuchergruppe[2] am Werkstor
empfangen und zum Verwaltungsgebäude begleitet. Im Konferenz-Raum
haben alle Platz gefunden und eine kleine Erfrischung zu sich nehmen können. Im informellen Small-Talk haben Sie sich vielleicht mit der begleitenden Lehrerin über die Anfahrt und sonstige allgemeine Dinge unterhalten.
Doch jetzt muss
sich zeigen, ob
sich Ihre Redeplanung und Ihr Redetraining auszahlen.

Situation

---

[1]   *Vgl. S. 50*
[2]   *Vgl. S. 45*

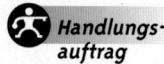 **Handlungs-auftrag**

1. *Informieren Sie sich mit Hilfe des folgenden Informationsteils über wichtige Aspekte eines wirkungsvollen Vortrags Ihrer Rede.*

2. *Halten Sie Ihre Rede unter Beachtung dieser Aspekte vor den anderen Teilnehmern Ihrer Lerngruppe.*

3. *Die Lerngruppe übernimmt fiktiv die Rolle der Besuchergruppe, beobachtet aber mit Hilfe des folgenden Rasters gezielt Ihren Vortrag. Die Beurteilungsmerkmale sind auch Grundlage für das nachfolgende Auswertungsgespräch.*

	Beurteilungsmerkmal	++	+	o	-	--
–	*Auftreten vor Redebeginn*	▪	▪	▪	▪	▪
–	*„Ruhephase" vor Redebeginn*	▪	▪	▪	▪	▪
–	*Blickkontakt mit den Zuhörern vor Redebeginn*	▪	▪	▪	▪	▪
–	*Blickkontakt während der Rede*	▪	▪	▪	▪	▪
–	*Freies, „sprech-denkendes" Vortragen der Rede*	▪	▪	▪	▪	▪
–	*Bewältigung von „Redepannen"*	▪	▪	▪	▪	▪
–	*Mimische Unterstützung der Rede*	▪	▪	▪	▪	▪
–	*Gestische Unterstützung der Rede*	▪	▪	▪	▪	▪
–	*Lautstärke*	▪	▪	▪	▪	▪
–	*Sprechtempo*	▪	▪	▪	▪	▪
–	*Variation der Stimme (Lautstärke, Stimmlage u. a.)*	▪	▪	▪	▪	▪
–	*Sprechpausen (Wirkungs- und Spannungspausen)*	▪	▪	▪	▪	▪
–	*Übereinstimmung von körpersprachlichen Signalen und Gesagtem*	▪	▪	▪	▪	▪
–	*Innere Einstellung zum Publikum*	▪	▪	▪	▪	▪

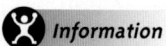 **Information**

Die Wirkung Ihrer Rede hängt nicht nur von einer gelungenen inhaltlichen und sprachlichen Planung (übersichtliche Gliederung, Anschaulichkeit, angemessene Sprache u. a.) ab. Entscheidend ist auch der eigentliche Vortrag.

1. Gestalten Sie die Beziehung zu Ihrem Publikum positiv

Die Kommunikation zwischen Ihnen als Redner und Ihren Zuhörern verläuft auf zwei Ebenen: der Inhalts-Ebene und der Beziehungs-Ebene.[1] Nur wenn Ihre Beziehung (= innere Einstellung) zu Ihrem Publikum intakt ist, kommen Ihre Informationen auf der Inhalts-Ebene an. Wenn Ihre Zuhörer z. B. Unmut über Ihre innere Einstellung (Überheblichkeit, Unlust u. a.) empfinden, werden Sie Ihre Botschaft nicht mehr aufnehmen. Das Publikum spürt Ihre Grundhaltung, noch bevor Sie den ersten Ton gesagt haben. Ihre Mimik und Gestik, ihr Tonfall sowie andere non-verbale Signale offenbaren Ihre innere Beziehung zu Ihrer Zuhörerschaft.

Es ist keine Selbstverständlichkeit, wenn andere bereit sind, Ihnen zuzuhören.

Wenn Sie vor Ihr Auditorium treten, sollten Sie nicht sofort mit dem Sprechen beginnen. Machen Sie eine kurze Pause und nehmen Sie Blickkontakt auf. Das ist der entscheidende Moment, in dem Sie sich auf der Beziehungs-Ebene annähern. Ihre Zuhörer müssen spüren, dass Sie ihnen positiv, zumindest aber sachlich-neutral gegenüber treten.

Ein Redner muss seine Zuhörer respektieren.

2. Setzen Sie Stimme und Körpersprache wirkungsvoll ein

Achtung: Die Körpersprache[2] ist eine ehrliche Sprache. Verstellen Sie sich nicht krampfhaft. Einstudierte Gesten, Körperhaltungen, Stimmlagen werden von Ihren Zuhörern in der Regel durchschaut und entlarvt. Bei einem Widerspruch zwischen Gesagtem und tatsächlich „Gezeigtem" verlieren Sie Ihre Glaubwürdigkeit.

Ihr Körper lügt nicht.

- Treten Sie selbstsicher, aber nicht überheblich auf.
- Halten Sie während Ihrer gesamten Rede Blickkontakt zum Publikum.
- Sprechen Sie frei. Eine Rede ist keine Vorlesung.
- Bewahren Sie Ruhe — auch bei Redepannen (z. B. Steckenbleiben, Versprecher). Zuhörer können verzeihen.
- Stellen Sie sicher, dass sich Ihre Gestik natürlich entwickeln kann.
- Variieren Sie Stimmlage, Lautstärke, Sprechgeschwindigkeit und Sprechrhythmus und setzen Sie dadurch Akzente.
- Vermeiden Sie Schlusspanik.

Körperliche Bewegungen beeinflussen die Gehirnfunktionen positiv. Aufnahmefähigkeit, Konzentration und Kreativität werden gefördert. Sucht z. B. ein Sprecher nach einem Begriff, löst nicht selten eine kreisende Handbewegung, ein Fingerschnippen den gewünschten Einfall aus.

---

[1] Vgl. S. 7 f.
[2] Vgl. S. 13 ff.

Für den Zuhörer ist Gestik ein zweites Zeichensystem, mit dem ihm – zusätzlich zur sprachlichen Mitteilung – Informationen übermittelt werden. Und oft ist die Zeichensprache informativer als verbale Ausführungen.

Deshalb muss sich Ihre Gestik natürlich entwickeln können. Halten Sie sich z. B. nicht krampfhaft an einem Gegenstand (Kugelschreiber, Stichwort-Karten u. a.) fest.

 **Training**

1. *Bitten Sie andere Teilnehmer Ihrer Lerngruppe, im Rahmen einer Steg-reif-Rede folgende Begriffe zu erklären. Der Begriff selbst und die in Klammern stehenden Wörter dürfen dabei aber nicht benutzt werden. Beobachten Sie gezielt, wie die Gestik der Redner den Vortrag unter-stützt.*
   - *Wendeltreppe (Stufen, Geländer, Drehung, Stockwerk, Winden)*
   - *Kreditkarte (Plastik, Geld, Einkaufen, Bezahlen, Nachher)*
   - *Lehrer (Unterricht, Lernen, Schule, Professor, Zeugnis)*
   - *Radio (Wellen, Hören, Einschalten, Fernsehen, Antenne)*
   - *...*

2. *Stellen Sie gestisch folgende Begriffe/Sachverhalte dar:*
   - *Krawatte*
   - *Hausmeister*
   - *Richter*
   - *Protest*
   - *...*

 **Literatur**

Hier können Sie sich weitergehend informieren:

Ibelgaufts, Renate: Körpersprache: Wahrnehmen, verstehen und anwenden. Augustus Verlag. Augsburg 1997

Molcho, Samy: Körpersprache im Beruf. Mosaik Verlag. München 1996

Reutler, Bernd H.: Körpersprache erfolgreich einsetzen. Ullstein Verlag. Berlin 1996

4.5 Reden mit unterschiedlichen Zielen

Hinsichtlich der vorherrschenden Zielsetzung seitens des Redners sind verschiedene Arten von Reden zu unterscheiden.

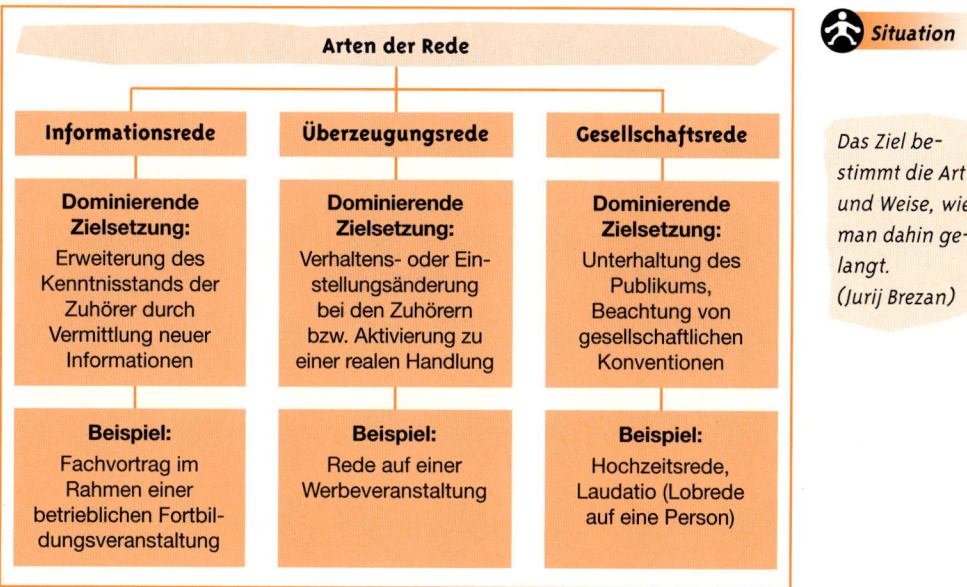

Arten der Rede

Informationsrede	Überzeugungsrede	Gesellschaftsrede
Dominierende Zielsetzung: Erweiterung des Kenntnisstands der Zuhörer durch Vermittlung neuer Informationen	**Dominierende Zielsetzung:** Verhaltens- oder Einstellungsänderung bei den Zuhörern bzw. Aktivierung zu einer realen Handlung	**Dominierende Zielsetzung:** Unterhaltung des Publikums, Beachtung von gesellschaftlichen Konventionen
Beispiel: Fachvortrag im Rahmen einer betrieblichen Fortbildungsveranstaltung	**Beispiel:** Rede auf einer Werbeveranstaltung	**Beispiel:** Hochzeitsrede, Laudatio (Lobrede auf eine Person)

Situation

Das Ziel bestimmt die Art und Weise, wie man dahin gelangt.
(Jurij Brezan)

4.5.1 Sie vermitteln neue Informationen – die Informationsrede

Situation

Sie sind als Sacharbeiterin in der „XYZ GmbH" beschäftigt. Im Rahmen einer Public-Relation-Aktion wird ein „Tag der offenen Tür" veranstaltet. Ihre Abteilung hat den Auftrag, interessierte Besucher über aktuelle Neuerungen zu informieren. Dieses Ziel soll auch mittels eines *informativen* Kurzvortrags (kein Werbetext, Redezeit: 5 Minuten) erreicht werden.

 **Handlungs-
auftrag**

*Sie können die Branche (Bank, Steuerberatungskanzlei, Industriebetrieb,
Handelsunternehmung u. a.) und die Thematik (neue Strategien bei der
Kapitalanlage, Änderung steuerrechtlicher Vorschriften und ihre Auswir-
kungen, Entwicklung neuer Produkte u. a.) entsprechend Ihrer beruflichen
Tätigkeit frei wählen.*

1. *Planen Sie Ihre Informationsrede mit Hilfe einer Checkliste. Über den
   grundsätzlichen Aufbau dieser Checkliste informiert Sie der folgende
   Informationsteil.*

2. *Entwickeln Sie die einzelnen Elemente Ihrer Rede und in der Folge die
   Gesamtrede durch die Technik des freien „Sprech-Denkens"[1]. Merken
   Sie sich die Abfolge Ihrer Kerngedanken bei Bedarf durch „bildhafte
   Assoziation"[2]. Beachten Sie bei der kritischen Überprüfung Ihrer For-
   mulierungen die „10 Ratschläge für einen guten Redner"[3].*

3. *Entwerfen Sie ein Stichwort-Karten-Manuskript[4]. Setzen Sie auch bei
   der Gestaltung Ihrer Karteikarten assoziative Bilder als Schlüsselele-
   mente ein, die bestimmte Kerngedanken und Gedankenfolgen er-
   schließen.*

Checkliste: Vorbereitung einer Informationsrede

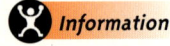 **Information**

Mein Redeziel:	
Mein Publikum: (Erwartungen, Interessen, Vorwissen u. a.)	
Meine wichtigsten Informa- tionen:	
Davon wähle ich für meine Rede aus:	
Mein übergeordnetes Gliede- rungsprinzip für den Hauptteil: (z. B. „Drei-Zeiten-Schema"[5])	
Das führt zu folgender Reihen- folge im Hauptteil:	
Meine Einleitung:	
Mein Schluss:	
Meine Mittel zur Veranschauli- chung:	

---

[1] *Vgl. S. 42 ff., 61 f.*   [4] *Vgl. S. 58 f.*
[2] *Vgl. S. 57 f.*   [5] *Vgl. S. 47*
[3] *Vgl. S. 53 ff.*

 **Training**

1. *Präsentieren Sie Ihre Informationsrede zum „Tag der offenen Tür" vor den anderen Teilnehmern Ihrer Lerngruppe. Bitten Sie um ein Feedback, das auf die Merkmale des Beobachtungsbogens eingeht.[1]*

2. *Planen, trainieren und präsentieren Sie Informationsreden (Redezeit ca. 5 Minuten) zu anderen Anlässen und Themen. Hier einige Themenvorschläge:*
   - *Private Altersvorsorge durch Wertpapiersparen*
   - *Verbesserung der Arbeitsabläufe in unserer Abteilung*
   - *Maßnahmen zur Verbesserung der Beschäftigungssituation auf dem Arbeitsmarkt*
   - *Erziehungsgeld und Erziehungsurlaub*
   - *Die gesetzliche Sozialversicherung*
   - *Die Arbeit der Schülervertretung in unserer Schule*
   - *Die Arbeit des Betriebsrats/der Jugend- und Auszubildendenvertretung in unserer Schule*
   - *u. a.*

Reden lernt man nur durch Reden.

Hier können Sie sich weitergehend informieren:

 **Literatur**

Krieger, Paul/Hantschel, Hans-Jürgen: Handbuch Rhetorik. Falken Verlag. Niedernhausen/Ts. 1998

4.5.2 Sie motivieren andere - die Überzeugungsrede

Der Standpunkt macht es nicht, die Art macht es, wie man ihn vertritt.
(Theodor Fontane)

 **Situation**

In der Personalabteilung der „XYZ GmbH" (nähere Bestimmung nach Ihrer Wahl) ist eine Abteilungsbesprechung geplant. Zentraler Tagesordnungspunkt ist die Frage, ob in der Abteilung ein Rauchverbot am Arbeitsplatz eingeführt werden soll.
Als Mitglied des Betriebsrats/der Jugend- und Auszubildendenvertretung haben Sie den Auftrag, durch eine Überzeugungsrede (Redezeit ca. 5 Minuten) die Mitarbeiter der Abteilung für ein Rauchverbot zu gewinnen. Sie wissen, dass viele Betriebsangehörige anderer Meinung sind.

---
[1] *Vgl. S. 64*

**Handlungs-
auftrag**

1. *Informieren Sie sich mit Hilfe der folgenden Erläuterungen über die strategische Gliederung einer Überzeugungsrede. Entwerfen Sie eine Checkliste, die für die Vorbereitung einer Überzeugungsrede geeignet ist[1]. Entwickeln Sie damit ein Gliederungskonzept für Ihre Rede.*

2. *Gestalten Sie Ihr Stichwort-Karten-Manuskript und üben Sie Ihre Rede „sprech-denkend" ein.*

3. *Tragen Sie Ihre Rede vor den anderen Teilnehmerinnen Ihrer Lerngruppe vor. Bitten Sie die anderen Mitglieder Ihrer Gruppe, Ihre Präsentation mit Hilfe des Beobachtungsbogens (siehe Abschnitt Training) zu bewerten. Fordern Sie im Auswertungsgespräch ein fundiertes Feed-back ein (Positives bestärken und Verbesserungen vorschlagen).*

Gliedern Sie den Hauptteil Ihrer Überzeugungsrede strategisch

Information

Man darf nie seine Absicht zeigen, sondern man muss vorher mit allen Mitteln sein Ziel zu erreichen suchen.
(Niccolò Machiavelli)

Sie wissen oder vermuten, dass viele Ihrer Zuhörer eine andere Auffassung vertreten? Und diese Meinung wollen Sie mit Ihrer Rede „ins Wanken bringen"? Dann müssen Sie beim Aufbau Ihrer Rede strategisch vorgehen.

Durch eine effektvolle Einleitung ist es Ihnen gelungen, die Aufmerksamkeit Ihres Auditoriums zu gewinnen. Wenn Sie zu Beginn des Hauptteils Ihr Publikum aber sofort und einseitig mit Ihrem Standpunkt (Ihrer Problemlösung) und einem entsprechenden Appell konfrontieren, besteht folgende Gefahr: Gerade die Zuhörer, die eine andere Auffassung vertreten und die Sie vom Gegenteil überzeugen wollen, werden sich Ihren Argumenten voreingenommen verschließen.

Gehen Sie strategisch vor: Greifen Sie vorgefasste Meinungen von Zuhörern nicht sofort an.

Dieser Gefahr können Sie entgegenwirken, indem Sie den Hauptteil Ihrer Rede nach dem „Plus-Minus-Schema" oder nach dem „Frage-Antwort-Schema" gliedern. Durch Ihr unvoreingenommenes Nachdenken über alternative Lösungen („Plus-Minus-Schema") bzw. Ihre offene Auseinandersetzung mit den Einwänden Ihrer Gegner („Frage-Antwort-Schema") halten Sie das Interesse der Gegenseite wach, dokumentieren Ihre Kompetenz und erhöhen Ihre Überzeugungskraft.

---

[1] *Vgl. S. 68*

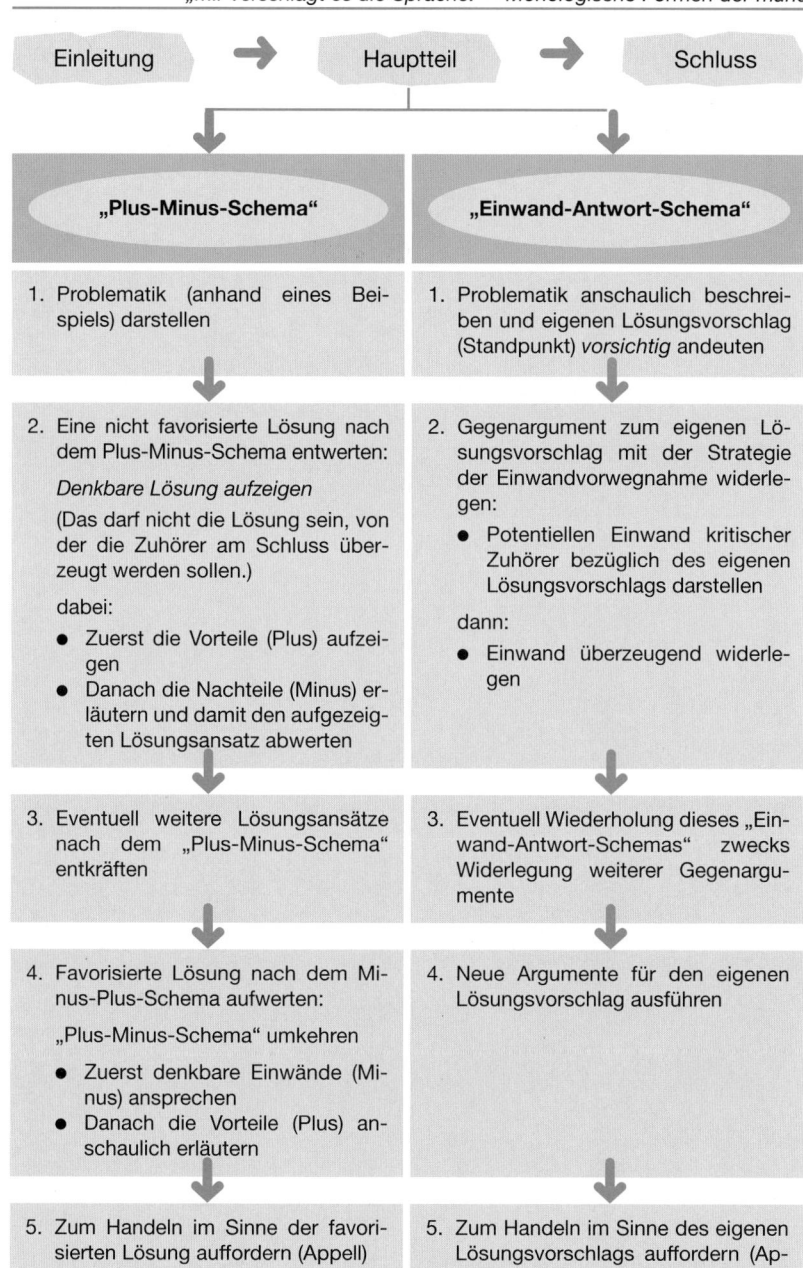

Einleitung → Hauptteil → Schluss

„Plus-Minus-Schema"

„Einwand-Antwort-Schema"

1. Problematik (anhand eines Beispiels) darstellen

1. Problematik anschaulich beschreiben und eigenen Lösungsvorschlag (Standpunkt) *vorsichtig* andeuten

2. Eine nicht favorisierte Lösung nach dem Plus-Minus-Schema entwerten:

   Denkbare Lösung aufzeigen

   (Das darf nicht die Lösung sein, von der die Zuhörer am Schluss überzeugt werden sollen.)

   dabei:
   - Zuerst die Vorteile (Plus) aufzeigen
   - Danach die Nachteile (Minus) erläutern und damit den aufgezeigten Lösungsansatz abwerten

2. Gegenargument zum eigenen Lösungsvorschlag mit der Strategie der Einwandvorwegnahme widerlegen:
   - Potentiellen Einwand kritischer Zuhörer bezüglich des eigenen Lösungsvorschlags darstellen

   dann:
   - Einwand überzeugend widerlegen

3. Eventuell weitere Lösungsansätze nach dem „Plus-Minus-Schema" entkräften

3. Eventuell Wiederholung dieses „Einwand-Antwort-Schemas" zwecks Widerlegung weiterer Gegenargumente

4. Favorisierte Lösung nach dem Minus-Plus-Schema aufwerten:

   „Plus-Minus-Schema" umkehren
   - Zuerst denkbare Einwände (Minus) ansprechen
   - Danach die Vorteile (Plus) anschaulich erläutern

4. Neue Argumente für den eigenen Lösungsvorschlag ausführen

5. Zum Handeln im Sinne der favorisierten Lösung auffordern (Appell)

5. Zum Handeln im Sinne des eigenen Lösungsvorschlags auffordern (Appell)

71

 **Training**

Reden lernt man nur durch Reden.

1. *Planen, Trainieren und Präsentieren Sie Überzeugungsreden (Redezeit ca. 5 Minuten). Hier einige Themenvorschläge:*

- *Werbeverbot für Tabakwaren*

  (Dabei können Sie nach Ihrer Wahl einen Standpunkt beziehen, z. B.: „Ich will meine Zuhörer davon überzeugen, dass ein Werbeverbot gesetzlich eingeführt werden soll." oder „Ich will meine Zuhörer davon überzeugen, dass kein gesetzliches Werbeverbot eingeführt werden soll."

  Gleiches gilt für die anderen Themen.)

- *Passives Wahlrecht für Jugendliche ab 16 Jahren*
- *Ausbildungsplatzabgabe für Unternehmungen, die nicht ausbilden*
- *Verzicht auf schriftliche Klassenarbeiten zur Leistungsbewertung*
- *u. a.*

2. *Beobachten Sie Reden von Mitgliedern Ihrer Lerngruppe mit Hilfe des folgenden Beobachtungsbogens.*

	Beurteilungsmerkmal	++	+	o	-	--
1.	**Inhaltliche Struktur der Rede**	▪	▪	▪	▪	▪
	Erkennbare Gliederung in „Einleitung-Hauptteil-Schluss"	▪	▪	▪	▪	▪
	Effektvolle Einleitung	▪	▪	▪	▪	▪
	Merk-würdiger Schluss	▪	▪	▪	▪	▪
2.	**Inhaltliche Gestaltung der Rede**	▪	▪	▪	▪	▪
	Inhaltliche Qualität der Informationen/Argumente	▪	▪	▪	▪	▪
	Einbau von „Erholungspausen"	▪	▪	▪	▪	▪
	Anschauliche Darstellungsweise	▪	▪	▪	▪	▪
3.	**Sprachliche Gestaltung der Rede**	▪	▪	▪	▪	▪
	Einbau rhetorischer Fragen zur Einbeziehung der Zuhörer	▪	▪	▪	▪	▪
	Einbau sprachlicher Überleitungen zwischen den Redeteilen	▪	▪	▪	▪	▪
	Einfacher, verständlicher Satzbau, angemessene Wortwahl	▪	▪	▪	▪	▪
4.	**Präsentation der Rede**	▪	▪	▪	▪	▪
	Auftreten vor dem Publikum vor Redebeginn	▪	▪	▪	▪	▪
	Blickkontakt während der Rede	▪	▪	▪	▪	▪
	Freies, „sprech-denkendes" Vortragen	▪	▪	▪	▪	▪
	Mimische Unterstützung der Rede	▪	▪	▪	▪	▪
	Gestische Unterstützung der Rede	▪	▪	▪	▪	▪
	Sprechlautstärke	▪	▪	▪	▪	▪
	Sprechtempo	▪	▪	▪	▪	▪
	Artikulation (z. B. Deutlichkeit)	▪	▪	▪	▪	▪
	Variation der Stimme (Lautstärke, Sprechtempo, Stimmlage)	▪	▪	▪	▪	▪
	Einsatz von Wirkungs- und Spannungspausen	▪	▪	▪	▪	▪
	Übereinstimmung von körpersprachlichen Signalen und Gesagtem	▪	▪	▪	▪	▪
5.	**Visualisierung**	▪	▪	▪	▪	▪

Hier können Sie sich weitergehend informieren:

 *Literatur*

....

Nothstine, William L.: Andere überzeugen. Wirtschaftsverlag Ueberreuter. Wien, Frankfurt 1991

4.5.3 Sie „loben" eine andere Person – die Laudatio

Die Leiterin der Abteilung „Ausbildung" Ihres Ausbildungsbetriebs wird in den Ruhestand verabschiedet. Als Vertreter der Auszubildenden (Mitglied des Betriebsrats) sollen Sie auf der offiziellen Verabschiedungsfeier reden.

 *Situation*

 *Handlungs-auftrag*

1. *Informieren Sie sich anhand des folgenden Informationsteils über die Grundgliederung einer Laudatio. Entwerfen Sie mit Hilfe einer Checkliste[1] das Gliederungskonzept für Ihre Verabschiedungs-Rede.*

2. *Gestalten Sie Ihr Stichwort-Karten-Manuskript, formulieren Sie Ihre Rede „sprech-denkend" aus und halten Sie sie vor den anderen Teilnehmern Ihrer Lerngruppe.*

---
[1] *Vgl. S. 68*

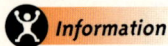 **Information**

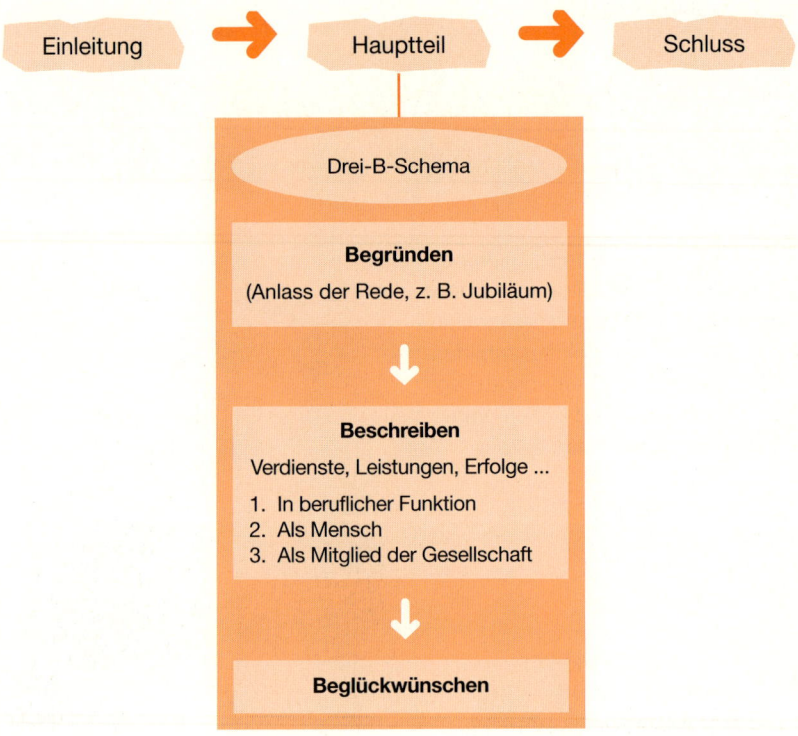

Einleitung ➡ Hauptteil ➡ Schluss

Drei-B-Schema

Begründen

(Anlass der Rede, z. B. Jubiläum)

⬇

Beschreiben

Verdienste, Leistungen, Erfolge ...

1. In beruflicher Funktion
2. Als Mensch
3. Als Mitglied der Gesellschaft

⬇

Beglückwünschen

 **Training**

Planen, trainieren und präsentieren Sie Reden (Redezeit ca. 5 Minuten) zu anderen gesellschaftlichen Anlässen. Hier einige Vorschläge:

● *Abschlussrede der Schülersprecherin auf der Entlassungsfeier der Abschlussklassen*
● *Rede des Vertreters der Auszubildenden anlässlich der Lossprechungsfeier durch die Kammer (z. B. Industrie- und Handelskammer)*
● *Rede zum 50. Geburtstag der Mutter/des Vaters/der Chefin*
● *Rede zum 25. Dienstjubiläum einer Kollegin*

 **Literatur**

5   „Kommen Sie bitte morgen zum Gespräch." Dialogische Formen der mündlichen Kommunikation

5.1   Vorbereiten auf ein Gespräch

5.1.1   Sie planen ein Gespräch strategisch

 *Situation*

Sie werden in einer Industrieunternehmung (Handelsunternehmung o. a.) zur Industriekauffrau (Groß- und Außenhandelskauffrau o. a.) ausgebildet. Seit einiger Zeit erledigen Sie in einer bestimmten Abteilung ständig gleichartige Arbeiten. Im Rahmen Ihrer Ausbildung wollen Sie jedoch einen Gesamtüberblick über den Betriebsablauf erhalten.

Deshalb haben Sie Ihre Ausbildungsleiterin um ein Gespräch gebeten. Es findet in drei Tagen statt. Auf diese Unterredung wollen Sie sich intensiv vorbereiten.

 *Handlungsauftrag*

1. Legen Sie in Ihrer Lerngruppe das Gesprächsziel fest und sammeln Sie, z. B. mit Hilfe einer Kartenabfrage[1], Argumente für Ihren Standpunkt.

2. Informieren Sie sich anhand des folgenden Informationsteils über die Gesprächsvorbereitung. Entwerfen Sie mit diesem Wissen einen Gesprächsplan für die Unterredung mit Ihrer Ausbildungsleiterin.

---

[1] *Vgl. S. 22 ff.*

> **3.** Versetzen Sie sich in die Rolle Ihrer Ausbildungsleiterin. Sie hat von dem Grundanliegen ihrer Auszubildenden erfahren und will sich ebenfalls auf das Gespräch vorbereiten. Legen Sie auch aus ihrer Sicht ein Gesprächsziel fest, sammeln Sie Argumente und entwickeln Sie einen Gesprächsablaufplan.
>
> Es ist auch möglich, dass Sie in Ihrer Lerngruppe Arbeitsgruppen zu je vier Personen bilden. Die eine Hälfte der Gruppen bereitet das Gespräch aus der Sicht der Auszubildenden vor, die andere Hälfte nimmt die Perspektive der Ausbildungsleiterin ein.

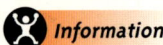 *Information*

I. Das Ziel, die Inhalte und die Strategie berücksichtigen

Sind Sie nach einem wichtigen Gespräch auch schon einmal vom Gesprächsverlauf und von dem Gesprächsergebnis enttäuscht gewesen?

Vielleicht ist die Unzufriedenheit darauf zurückzuführen, dass Sie das Gespräch nicht sorgfältig genug vorbereitet haben.

Das Gesprächsziel festlegen

Als erstes müssen Sie sich darüber klar werden, welches Ziel Sie verfolgen:

- Wollen Sie zu einer Handlung oder Denkweise überreden?
- Möchten Sie von einem Sachverhalt überzeugen?
- Wollen Sie von Ihrer Person überzeugen und einen guten Eindruck vermitteln?
- Möchten Sie Ihre Meinung sagen, sich beschweren?
- Wollen Sie sich informieren?
- Besteht Ihr Ziel darin, etwas zu verkaufen?
- u. a.

Schreiben Sie sich Ihr Ziel in einem prägnanten Zielsatz auf. Verlieren Sie es während der gesamten Vorbereitung und später beim Gespräch nicht aus den Augen.

Nur wenn ich weiß, wohin ich will, komme ich auch an.

Beispiel:

> Ich will meine Unzufriedenheit darüber ausdrücken, dass ich bei der Besetzung der Gruppenleiterstelle nicht berücksichtigt worden bin. Und ich will deutlich machen, dass ich bereit und befähigt bin, höherrangige Positionen in Zukunft zu übernehmen.

Werden Sie sich in diesem Zusammenhang auch über Ihren Verhandlungsspielraum klar. Fragen Sie sich:

- Welche Teilziele muss ich unbedingt durchsetzen, welche Kompromisse kann ich eingehen?
- Welche Zugeständnisse der Gegenseite fordere ich für meine Kompromissbereitschaft ein?

Die Gesprächsinhalte zusammentragen

Fragen Sie sich vor dem Hintergrund Ihres Gesprächsziels:

Ein „Schlacht-plan" ist wichtig.

1. Welche Argumente kann ich für meinen Standpunkt ins Feld führen?
2. Welche Gegenargumente könnte mir mein Gesprächspartner entgegenhalten? Wie kann ich diese widerlegen?
3. Welche Zielsetzung könnte mein Gesprächspartner verfolgen, welche Meinung könnte er vertreten? Welche Argumente wird er für seine Auffassung vermutlich vorbringen?
4. Mit welchen Gegenargumenten kann ich diese Beweisführung entkräften?
5. In welcher Reihenfolge sollte ich meine Argumente vorbringen? Welche schlagkräftigen Argumente bewahre ich mir bis zum Schluss auf?
6. Mit welchen Beispielen kann ich meine Argumente anschaulich untermauern?
7. Kann es im Gespräch zu kritischen Situationen kommen und wie könnten diese dann bewältigt werden?

Das Sich-Hineinversetzen in den Gesprächspartner (insbesondere bei den Fragen 2 und 3) gelingt um so besser, je mehr Informationen Sie über ihn haben. Informieren Sie sich so gut es geht, damit Sie auch die Persönlichkeit Ihres Gegenübers (z. B. Status, Rolle, Vorlieben, Eigenheiten, Wertvorstellungen) in Ihre taktischen Überlegungen einbeziehen können.

Strukturieren Sie Ihre Antworten auf die obigen Fragen gegebenenfalls mit einem Mind-Map.[1]

Einen strategischen Gesprächsablaufplan entwerfen

Planen Sie mit den Antworten auf obige Fragen den Gesprächsverlauf und notieren Sie ihn stichwortartig. Nehmen Sie in Ihrer strategischen Planung auch eine Zeitplanung vor. Legen Sie z. B. fest, nach welcher Gesprächszeit Sie welche Gesprächsaspekte thematisiert haben sollten.

Beachten Sie, dass auch ein Gespräch folgende Grundgliederung aufweisen sollte.

Einleitung

Nicht mit der Tür ins Haus fallen.

● Vorstellung und/oder Begrüßung

Nehmen Sie Blickkontakt mit Ihrem Gesprächspartner auf, begrüßen Sie ihn mit Namen, gegebenenfalls auch mit Handschlag.
Nehmen mehrere Personen an der Unterredung teil, dann stellen Sie, falls notwendig, die Gesprächsteilnehmer einander vor. Merken Sie sich neue Namen.

Smalltalk über allgemeine Themen

In bestimmten Situationen empfiehlt es sich, das Gespräch nicht sofort mit der eigentlichen Thematik zu beginnen. Bauen Sie zunächst eine positive Atmosphäre auf, z. B. durch einen kurzen gegenseitigen Austausch über den letzten Urlaub.

---

[1]   *Vgl. S. 24 ff.*

Nicht sofort alle Karten auf den Tisch legen.

Hauptteil

● **Hinführung zum eigentlichen Gespräch**

Leiten Sie im geeigneten Moment zum eigentlichen Thema über. Sprechen Sie die Thematik kurz an, benennen Sie gegebenenfalls Zielsetzung und gewünschte Resultate. Es kann auch sinnvoll sein, ein zeitliches Gesprächsende zu vereinbaren.

● Argumentation entsprechend Ihres Gesprächsablaufplans

Gehen Sie taktisch vor. Animieren Sie zunächst Ihr Gegenüber, seine Argumente vorzubringen. Sie können dann gezielt reagieren. „Verschießen Sie nicht sofort Ihr Pulver", sondern bringen Sie Ihre Argumente nur einzeln entsprechend Ihrer Planung vor. Reagieren Sie dabei aber auch flexibel und stellen Sie Ihre Argumentationsabfolge um, wenn die Argumentation Ihres Gesprächspartners dies erfordert.

Niemals die Tür zuschlagen.

Schluss

Bringen Sie das Gespräch zum Abschluss, wenn alle Argumente ausgetauscht sind oder wenn die vereinbarte Zeit abgelaufen ist. Eventuell signalisieren Gesprächspartner auch durch non-verbale Zeichen (z. B. wiederholter Blick auf die Uhr), dass sie das Gespräch beenden wollen.

● Gemeinsames Zusammenfassen der Ergebnisse

Stellen Sie sicher, dass die Gesprächsergebnisse gemeinsam in positiver Grundstimmung festgehalten werden, z. B. durch Formulierung für ein Protokoll. Bei Bedarf führen Sie durch Rückkopplungsfragen Eindeutigkeit herbei.

● Würdigung von Teilergebnissen

Erzwingen Sie keine Zustimmung. Sollte kein umfassendes Einvernehmen erzielt worden sein, heben Sie eventuell erreichte Teilergebnisse positiv hervor.

● Vereinbarung weiterer Gesprächstermine

Gewährleisten Sie nach Möglichkeit immer ein harmonisches Auseinandergehen. Die Atmosphäre darf nicht vergiftet werden. Sollte kein Übereinkommen erreicht worden sein, muss ein erneuter Versuch möglich sein.

2. Das Umfeld organisieren

Für eine angenehme Atmosphäre sorgen: „Darf ich Ihnen eine Tasse Kaffee anbieten?"

Es kann sein, dass Sie auch für den organisatorischen Rahmen des Gesprächs verantwortlich sind. Bemühen Sie sich dann um einen möglichst neutralen Gesprächsort. Achten Sie auf eine Sitzordnung, die deutlich macht, dass alle Gesprächsteilnehmer gleichberechtigt sind, z. B. runder Tisch. Überlassen Sie Gästen als Gesprächspartnern die Sitzplatzwahl. Viele empfinden es als unangenehm, wenn sie eine Tür im Rücken haben. Stellen Sie sicher, dass kein Teilnehmer der Gesprächsrunde in eine grelle Lichtquelle gucken muss. Vermeiden Sie negative Umweltfaktoren, wie eine zu hohe oder zu niedrige Raumtemperatur, schlechte Belüftung oder Zugluft. Stellen Sie sicher, dass das Gespräch nicht durch Telefongespräche, Besuche u. a. gestört wird.

Bereiten Sie die untenstehenden Gespräche vor. Gehen Sie dabei planmäßig vor.

● Legen Sie Ihr Gesprächsziel fest. Formulieren Sie einen prägnanten Zielsatz.

● Tragen Sie mögliche Gesprächsinhalte zusammen (eigene Argumente, mögliche Gegenargumente, Widerlegung von Gegenargumenten, Veranschaulichungen des eigenen Standpunkts u. a.). Nutzen Sie gegebenenfalls die Creativ-Technik des Mind-Mappings.[1]

● Entwerfen Sie mit diesen Inhalten einen strategischen Gesprächsablaufplan. Beachten Sie dabei die Grundgliederung eines jeden Gesprächs.

1. Zahlreiche Schülerinnen und Schüler Ihrer (Berufs-)Schule kommen mit öffentlichen Verkehrsmitteln (Busse und Bahnen) zur Schule. Aufgrund der Fahrpläne erreichen viele die Schule schon um 07:15 Uhr, obwohl der Unterricht erst um 08:00 Uhr beginnt. Die Schülervertretung (SV) hat deshalb beschlossen, bei der Schulleitung die Einrichtung eines Aufenthaltsraums zu beantragen. Er soll von 07:00 Uhr bis Schulschluss geöffnet sein. In diesem Raum soll auch ein Kiosk eingerichtet werden, der Getränke und Verpflegung anbietet.

Als Sprecher der SV sollen Sie das Gespräch mit der Schulleitung führen.

2. In der Unterstufe haben Sie mit Ihrer Klasse eine einwöchige Klassenfahrt unternommen. Üblicherweise findet in der Oberstufe keine zweite Fahrt statt. Unter den Schülerinnen und Schülern Ihrer Klasse besteht jedoch der Wunsch, noch einmal gemeinsam auf Fahrt zu gehen.

Als Klassensprecher sollen Sie das Gespräch mit dem Klassenlehrer führen.

3. Sie sind Auszubildende in einer mittelständischen Unternehmung. Pro Ausbildungsjahr werden sechs Auszubildende ausgebildet. Im Gespräch mit Auszubildenden anderer Unternehmungen Ihrer Branche haben Sie erfahren, dass diese im Rahmen einer betriebsinternen Schulung gezielt auf die Abschlussprüfung vorbereitet werden. Eine ähnliche Prüfungsvorbereitung sollte nach Meinung der Auszubildenden auch in Ihrer Unternehmung eingeführt werden.

Als Sprecher der Jugend- und Auszubildendenvertretung sollen Sie das Gespräch mit der Ausbildungsleitung führen.

Hier können Sie sich weitergehend informieren:

Krieger, Paul/Hantschel, Hans Jürgen: Handbuch Rhetorik. Falken Verlag. Niedernhausen/Ts. 1998

---

[1] Vgl. S. 24 ff.

5.1.2 Sie führen ein Gespräch partnerorientiert

 **Situation**

Der Tag x ist gekommen. Sie sitzen Ihrer Ausbildungsleiterin in deren Arbeitszimmer gegenüber.[1] Jetzt kommt es darauf an, dass Sie Ihre Gesprächsvorbereitung in einer angemessenen Gesprächsführung umsetzen.

 **Handlungsauftrag**

1. *Informieren Sie sich mit Hilfe des folgenden Informationsteils über wichtige Grundsätze der Gesprächsführung.*

2. *Rollenspiel*
   - *Bilden Sie in Ihrer Lerngruppe Kleingruppen zu je vier Personen. Bereiten Sie in diesen Arbeitsgruppen das Gespräch zwischen Ausbildungsleiterin und Auszubildender vor. Einige Gruppen übernehmen die Rolle der Ausbildungsleiterin, andere die Rolle der Auszubildenden.*
   - *Beauftragen Sie in Ihrer Lerngruppe zwei Teilnehmerinnen mit der Durchführung des Gesprächs. Die anderen Mitglieder der Lerngruppe beobachten das Gesprächsverhalten.*

   Beobachtungskriterien können sein:
   - *Qualität und Reihenfolge der Argumente*
   - *Unterstützung der Argumente durch anschauliche Beispiele*
   - *Aktives Zuhören, den anderen ausreden lassen*
   - *Eingehen auf die Argumentation des anderen*
   - *Beschränkung auf einen Kerngedanken (Argument) je Gesprächsbeitrag*
   - *Fairness der Gesprächsführung*
   - *Reaktion auf unfaire Gesprächsführung*
   - *Fragetechnik*
   - *Sonstige Auffälligkeiten*

---

[1] *Vgl. S. 75*

I. Sie gewinnen durch eine partnerorientierte Gesprächsführung Ihren Gesprächspartner für sich

Information

In der Regel will man in einem Gespräch andere gewinnen: für den eigenen Standpunkt, für die eigene Person, für ein Produkt usw. Die besten Argumente verfehlen aber ihr Ziel, wenn sich die Gegenseite „erschlagen" fühlt. Jeder Gesprächspartner muss das Gefühl haben, ernst genommen zu werden, mitreden und mitentscheiden zu können. Durch die folgenden Gesprächstechniken können Sie eine partnerorientierte Gesprächsführung erreichen.

Es darf keine Sieger und keine Besiegten geben.

Aspekte einer partnerorientierten Gesprächsführung

1. Pflegen Sie den Sie-Stil.

Sprechen Sie Ihren Gesprächspartner immer wieder persönlich an. Nennen Sie ihn beim Namen. Dokumentieren Sie dadurch die Wertschätzung seiner Person.

Namensnennung schafft Verbindung.

2. Hören Sie konzentriert zu und lassen Sie den anderen ausreden.

Signalisieren Sie Ihrem Gesprächspartner, dass Sie reflektierend zuhören, z. B. durch verständnisvolle Zwischenfragen bzw. Bemerkungen, durch Blickkontakt und Zunicken. Machen Sie sich bei längeren Redephasen gegebenenfalls Notizen. Schweigen Sie einen kurzen Moment, nachdem der andere seine Ausführungen beendet hat.

Zuhören ist oft das Schwerste.

3. Gehen Sie auf die Argumentation Ihres Gesprächspartners ein.

Zeigen Sie durch Ihre Erwiderung auf einen Gesprächsbeitrag des anderen, dass Sie zugehört haben und seine Meinung ernst nehmen. Wenn Sie widersprechen müssen, würdigen Sie zunächst die Argumentation des anderen. Setzen Sie dabei gezielt die „Ja-Aber-Technik" ein.

NIcht aneinander vorbeireden.

> **Beispiel:**
> *„Sie haben einen interessanten Aspekt erläutert, der sicherlich zu beachten ist, aber ..."*

4. Führen Sie in Ihren Gesprächsbeiträgen jeweils nur einen Kerngedanken bzw. nur ein Argument aus.

Beschränken Sie sich in Ihren Entgegnungen jeweils auf ein Argument bzw. auf einen Kerngedanken. Formulieren Sie dabei möglichst kurz und präzise. Nur dadurch stellen Sie sicher, dass Ihr Gegenüber Ihnen gedanklich folgen kann, dass Ihr Argument bei ihm ankommt und dass er dadurch wiederum gezielt antworten kann.

Den anderen nicht „totreden".

5. Führen Sie das Gespräch fair.

Argumentieren Sie sachbezogen. Setzen Sie Ihren Partner nicht unter Druck und verzichten Sie auf Manipulationen. Spielen Sie Ihre Überlegenheit nicht aus. Machen Sie deutlich, dass Sie gewillt sind, gemeinsam nach Lösungen zu suchen. Fordern Sie Ihr Gegenüber auf, Einwände und Bedenken zu nennen. Denken Sie daran, dass der „Ton die Musik macht". Wirken Sie nicht verletzend oder arrogant. Greifen Sie Ihren Gesprächspartner vor allem nicht persönlich an.

Fair geht vor.

2. Sie steuern ein Gespräch durch Fragen

Ein Gespräch entwickelt sich in Aktion und Reaktion der Beteiligten. Dies bedingt, dass jedes Gespräch grundsätzlich autonom abläuft. Dennoch stehen Techniken zur Verfügung, mit deren Hilfe Sie ein Gespräch in Ihrem Interesse im begrenzten Umfang lenken können. Besondere Bedeutung kommt der Fragetechnik zu.

Klug zu fragen ist schwieriger, als klug zu antworten.
(Persisches Sprichwort)

? Offene Fragen

Mit offenen Fragen Informationen einholen.

Offene Fragen beginnen mit einem Fragewort (wie, wann, wo usw.). Sie eröffnen Ihrem Gesprächspartner den größten Antwortspielraum und bringen Ihnen die informativsten Antworten. Setzen Sie offene Fragen bevorzugt in der Informationsphase eines Gesprächs ein.

Beispiel:
„Was haben Sie in der Abteilung schon alles gelernt?"

Nutzen Sie auch die Möglichkeit, in der offenen Frage das Antwortspektrum Ihres Gesprächspartners auf Aspekte zu lenken, die für Sie positiv sind.

Beispiel:
„Welche Erfahrungen konnten Sie aufgrund der intensiven Kundennähe dieser Abteilung schon machen?"

? Geschlossene Fragen

Vorsicht vor geschlossenen Fragen.

Geschlossene Fragen beginnen mit einem Verb. Ihr Gesprächspartner hat eine stark eingegrenzte Antwortmöglichkeit, im Prinzip kann er nur mit „ja" oder „nein" antworten. Vermeiden Sie diese Art von Fragen, wenn es darum geht, Informationen von Ihrem Gesprächspartner zu erhalten.

Achtung: Die Chance, eine positive „Ja-Antwort" zu erhalten, ist außerdem wesentlich geringer als ein ablehnendes „Nein". Und bei mehreren „Nein" kann ein Gespräch schnell zu Ende sein.

Beispiel:
„Wollen Sie noch weiter in dieser Abteilung ausgebildet werden?"

? Alternativfragen

Mit Alternativfragen eine Entscheidung herbeiführen.

Zentrales Element einer Alternativfrage ist das „oder". Sie stellen Ihren Gesprächspartner nicht vor die „Ja-Nein-Entscheidung". Sie eröffnen ihm vielmehr die Wahl zwischen zwei Möglichkeiten, d. h. Sie unterstellen seinen grundsätzlichen Willen.

Stellen Sie aber nie mehr als zwei Möglichkeiten zur Auswahl. Sonst verwirren Sie Ihren Gesprächspartner. Achten Sie vor allem darauf, dass beide Alternativen aus Ihrer Sicht positiv sind. Setzen Sie die von Ihnen favorisierte

Lösung an die 2. Stelle. Ihr Partner hört diese Möglichkeit zuletzt, sie ist ihm deshalb intensiver in Erinnerung. Alternativfragen eignen sich, wenn man eine Entscheidung des Gesprächspartners herbeiführen will. Man vermittelt ihm den Eindruck, an der Entscheidungsfindung mitgewirkt zu haben.

Beispiel:
„Wollen Sie die Abteilung nach zwei oder drei Wochen wechseln?"

?   Suggestivfragen

Suggestivfragen sind Fragen mit „eingebauter Antwort". Noch stärker als bei Alternativfragen unterstellen Sie Ihrem Gesprächspartner etwas. Sie eignen sich nur als Bestätigungsfrage, wenn im Gespräch schon eine Übereinkunft erzielt worden ist. Ansonsten sind Suggestivfragen eher ein Instrument unfairer Gesprächsführung. Wenn Ihr Gesprächspartner Ihren Manipulationsversuch erkennt, besteht die Gefahr, dass er sich einer gemeinsamen Lösungssuche widersetzt.

> *Auf unfaire Suggestivfragen verzichten.*

Beispiel:
„Wie lange kann ich Sie noch in dieser Abteilung einplanen?"
„Sie sind doch sicherlich auch der Meinung, dass die Arbeit in dieser Abteilung sehr viele Aspekte des betrieblichen Ablaufs aufzeigt?"

3. Sie reagieren auf eine unfaire Gesprächsführung

Sie führen das Gespräch fair. Es ist aber denkbar, dass Ihr Gesprächspartner sich unfair verhält. Sie müssen dann besonnen, aber bestimmt reagieren.

> *Auf eine unfaire Gesprächsführung sachbezogen reagieren.*

- Reagieren Sie bei persönlichen Angriffen nicht aggressiv. Antworten Sie mit umkehrbaren „Ich-Aussagen"[1] und lenken Sie das Gespräch auf eine sachliche Ebene.[2]

Beispiel:
„Ihre Vorhaltungen treffen mich sehr. Ich sehe das anders. Aber Vorwürfe helfen uns jetzt nicht weiter."

- Verlangen Sie bei Autoritätsargumenten, dass eine sachliche Begründung gegeben wird.
- Fordern Sie bei Emotionalisierungen Fakten ein.
- Ignorieren Sie Suggestivfragen und Scheinalternativen, weil sie in eine bestimmte Richtung lenken können.
- Bestehen Sie auf Konkretisierungen, wenn Ihr Gesprächspartner durch Verallgemeinerungen ausweichen will.
- Fragen Sie gezielt nach, wenn Ihr Gesprächspartner, z. B. durch eine vorbereitete Antwort, ausweichen will.

---

[1] Vgl. S. 105 f.
[2] Vgl. S. 7

Gesprächsführung
Das Wichtigste auf einen Blick

- Namen nennen und „Sie-Stil" bevorzugen
- Ausreden lassen und aktiv zuhören
- Gezielt auf den Gesprächsbeitrag des anderen eingehen
- Immer nur einen Kerngedanken ausführen
- Gespräch fair führen
- Auf unfaire Attacken besonnen reagieren
- Partnerfreundlich formulieren
  Angemessene Wortwahl, verständlicher Satzbau, prägnante Formulierungen ohne Ausschweifungen, keine Übertreibungen (z. B. Superlative), keine übertriebenen Füllwörter („Äh"), kein übertriebener Konjunktiv („Ich würde meinen …")

 **Training**

1. Im Rahmen einer partnerorientierten Gesprächsführung müssen die Gesprächspartner sich gegenseitig ernst nehmen. Entscheiden Sie, ob die folgenden Aussagen dies sicherstellen. Begründen Sie jeweils Ihre Entscheidung.
   - „Das können Sie doch nicht machen!"
   - „Ich schlage vor, die Sache so zu regeln."
   - „So geht das aber nicht."
   - „Den Vorteil dieser Entscheidung können Sie wohl nicht beurteilen."
   - „Ich bin der Auffassung, dagegen sollten wir etwas unternehmen."
   - „Sie müssen mir genauer zuhören."
   - „Ich glaube, ich habe mich etwas unklar ausgedrückt."
   - „Sie sehen das nicht richtig."

2. In einem Gespräch sollten Sie Formulierungen vermeiden, die auf Ihren Gesprächspartner negativ wirken. Machen Sie Verbesserungsvorschläge:
   - „Das ist völlig falsch."
   - „Das glaube ich Ihnen nicht."
   - „Das ist doch Unsinn."
   - „Sie haben mich wohl nicht richtig verstanden."
   - „Wissen Sie es denn besser?"
   - „Machen Sie das nur. Sie werden schon sehen, was Sie davon haben."

3. Rollenspiel:
   - Bilden Sie in Ihrer Lerngruppe Kleingruppen zu je vier Personen. Bereiten Sie in diesen Arbeitsgruppen die folgenden Gespräche vor. Stellen Sie sicher, dass alle Rollen übernommen werden.
   - Beauftragen Sie jeweils zwei Teilnehmerinnen mit der Durchführung der Gespräche. Die anderen Mitglieder der Lerngruppe beobachten das Gesprächsverhalten. Die Beobachtungskriterien entnehmen Sie bitte der obigen Liste „Gesprächsführung – Das Wichtigste auf einen Blick".

Gesprächsanlässe:[1]

a) Gespräch mit der Schulleitung über die Einrichtung eines Aufenthaltsraums für Schüler
b) Gespräch mit dem Klassenlehrer über eine zweite Klassenfahrt
c) Gespräch mit der Ausbildungsleitung über die Einrichtung einer betriebsinternen Schulung zur Prüfungsvorbereitung
d) Andere Gesprächsanlässe nach Ihrer Wahl

4. Rollenspiel: Der kontrollierte Dialog

Ziel: Sie trainieren:
– Ihrem Gesprächspartner genau zuzuhören
– Selbst präzise zu formulieren
– Auf den Gesprächsbeitrag des anderen gezielt einzugehen
– Sich bei jedem Beitrag auf einen Kerngedanken zu beschränken

Durchführung: – Es werden Kleingruppen zu je 3 Personen gebildet.
– Die Mitglieder einer Kleingruppe wählen in ihrer Gruppe ein kontroverses Thema aus (mögliche Themenbereiche: Politik, Sport, Kultur, Schule u. a.). Zu dem festgelegten Thema nimmt einer die Pro- und ein anderer die Contra-Position ein.
– Ein Mitglied jeder Kleingruppe beginnt das Gespräch mit einer Aussage. Sein Gesprächspartner wiederholt den Gesprächsbeitrag zusammenfassend mit eigenen Worten, bevor er auf das Gesagte antwortet usw.
– Jeder Gesprächspartner beschränkt sich bei seinen Beiträgen jeweils auf einen Kerngedanken.
– Fühlt sich einer nicht richtig wiedergegeben, so stellt er dies ausdrücklich fest: „Ich fühle mich nicht richtig wiedergegeben." Der andere versucht die Wiedergabe dann noch ein zweites Mal. Im Problemfall greift danach das dritte Gruppenmitglied als Beobachter vermittelnd ein.
– Nach ca. 4 Minuten unterbricht der Beobachter das Gespräch und bewertet die Qualität des Zuhörens und Sprechens.
– Der folgende Beobachtungsbogen soll eine Hilfestellung bei der Kommentierung des Gesprächsverlaufs sein.
– Nach dieser Auswertung wechseln die Rollen, so dass jeder einmal die Rolle des Beobachters übernommen hat. Die Themen können wechseln.

---

[1] Vgl. S. 79

Beobachtungsbogen zur Übung „Kontrollierter Dialog"

1. Wurde das, was gesagt wurde, zutreffend wiedergegeben? Welche auffälligen Abweichungen gab es?
2. Ist bei den Erwiderungen gezielt auf das vorher Gesagte eingegangen worden?
3. Haben sich die Gesprächspartner jeweils auf einen Kerngedanken beschränkt oder wurde versucht, in einer Aussage so viel zu sagen, dass sie verwirrend wirkte?
4. In welchem Maß hat der Sprecher seine Gedanken gegliedert und logisch aufgebaut?
5. Wurde beobachtet, dass beide Partner aneinander vorbei redeten?

5. Der „Kontrollierte Dialog" ist zunächst eine rhetorische Übung. Aber auch in bestimmten realen Gesprächssituationen kann es sinnvoll sein, zunächst das zusammenfassend zu wiederholen, was der andere zuvor gesagt hat. In welchen Situationen könnte diese Strategie angebracht sein? Welche Absicht könnte ein Gesprächsteilnehmer mit der Wiederholung verfolgen? Welche Gefahr ist damit verbunden, wenn diese Technik in einem Gespräch zu oft angewandt wird?

 **Literatur**

Hier können Sie sich weitergehend informieren:

Birkenbihl, Vera F.: Fragetechnik schnell trainiert. Das Trainingsprogramm für ihre erfolgreiche Gesprächsführung. 7. Auflage. mvg. Landsberg am Lech 1997.

Eisler-Merz, Christiane: Die gekonnte Gesprächsführung in Beruf und Alltag. mvg. Landsberg am Lech 1998.

5.2 Gespräche führen zu verschiedenen Anlässen

5.2.1 Sie telefonieren mit Erfolg im Beruf

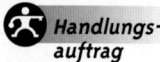 **Handlungs-auftrag**

1. Beurteilen Sie die Telefon-Gesprächsführung von Tina Keller in der obigen Comic-Szene.

2. Führen Sie in Ihrer Lerngruppe eine Kartenabfrage[1] durch. Notieren Sie auf jeder Karte stichwortartig nur eine positive oder eine negative Verhaltensweise am Telefon. Ordnen Sie die Karten übersichtlich an einer Pinnwand, z. B.

3. Erstellen Sie anhand der folgenden Erläuterungen über Telefon-Kompetenz eine Check-Liste. Überprüfen Sie mit dieser Liste Ihr Gesprächsverhalten. Verbessern Sie bei zukünftigen Telefonaten gezielt fehlerhafte Verhaltensweisen. Konzentrieren Sie sich dabei immer nur auf ein oder zwei festgestellte Fehler.

 **Information**

1. Telefonieren kann doch jeder – oder?

Kommt Ihnen die folgende Situation bekannt vor?

Sie rufen bei einer Unternehmung oder Behörde an. Eine mürrische Stimme nuschelt in einem rasanten Tempo eine unverständliche Meldung. Wahrscheinlich hat sie mit dem „Herunterleiern" ihrer Routineformel schon beim Abnehmen des Hörers begonnen. Nicht selten müssen Sie mehrmals nachfragen, um endlich zu wissen, mit wem Sie sprechen.

---

[1] Vgl. S. 22 f.

2. Warum ist gutes Telefonieren oft schwerer als ein normales Gespräch?

Die folgende Überlegung dürfte Ihnen vertraut sein: Das kann ich nicht telefonisch regeln. In dieser Angelegenheit muss ich Frau Müller persönlich sprechen.

Warum empfindet man in bestimmten Situationen deutlich, dass das Telefon ungeeignet ist? Es fehlt der direkte Blickkontakt. Dies erschwert die Einschätzung der Situation. So erkennt man z. B. Missstimmigkeiten, die sich spontan in der Mimik des anderen äußern, nicht. Für eine Korrektur des eigenen Gesprächsverhaltens ist es dann oft zu spät. Man hat auch nicht die Möglichkeit, den Gesprächspartner durch körpersprachliche Signale zu beeinflussen, z. B. durch Lächeln, zustimmendes Kopfnicken, vertrauliche Berührung u. a.

Ein hoher Anteil unserer Kommunikation findet non-verbal mit der Körpersprache[1] statt. Dabei bringen wir unsere Beziehung zum Gesprächspartner zum Ausdruck. Am Telefon sind wir „blind" und können uns nur durch unsere Stimme um eine positive Beziehung zum Gesprächspartner bemühen.

3. Telefon-Kompetenz dokumentieren

Durch die Beachtung von einfachen Grundregeln stellen Sie Ihre Telefon-Kompetenz unter Beweis.

● **Heben Sie zügig ab.**

Lassen Sie Ihren Anrufer nicht überlange warten, „überrumpeln" Sie ihn aber auch nicht durch sofortiges Abheben nach dem ersten Klingelzeichen.

> *Legen Sie von Anfang an den Grundstein für ein positives Gesprächsklima.*

● **Melden Sie sich verständlich und vollständig.**

Zum Beispiel: „Guten Tag, Rechtsanwaltskanzlei Schröder & Partner, mein Name ist Schneider."

Berücksichtigen Sie, dass insbesondere am Telefon die ersten ein bis drei Silben zwar gehört, aber nicht begriffen werden, insbesondere wenn es sich um neue Informationen handelt. Beginnen Sie deshalb mit dem Gruß und nennen Sie erst danach Namen. Wenn Sie einen schwer verständlichen Namen haben, wiederholen Sie ihn unter Ergänzung der Vornamens.

***Zum Beispiel:** „... mein Name ist Strybyczibilsky, Karin Strybyczibilsky."*

● **Lächeln Sie am Telefon.**

Durch Ihr Lächeln heben sich Ihre Mundwinkel an. Dies bewirkt automatisch, dass Ihre Stimme freundlicher klingt.

> *Ihr Gesprächspartner kann Ihr Lächeln „hören".*

Überprüfen Sie diesen Effekt selbst. Machen Sie ein grimmiges Gesicht und legen Sie Ihre Stirn in Falten. Versuchen Sie nun, folgenden Satz in einem freundlichen Ton zu sprechen: „Ich freue mich, Sie wieder einmal zu sprechen, Frau Schüller." Sie werden feststellen: Das ist unmöglich. Bei freundlicher Aussprache ändert sich Ihr Gesichtsausdruck zwangsläufig.

---

[1] Vgl. S. 13 ff.

Lehnen Sie sich beim Telefonieren entspannt zurück. Auf diese Weise ermöglichen Sie es, dass in Ihrem Körper eine größere Luftsäule in Schwingung kommen kann. Ihre Stimme klingt voller und entspannter und nicht gepresst.

● **Sprechen Sie den anderen mit Namen an.**

Bauen Sie eine positive emotionale Beziehung zu Ihrem Gesprächspartner auf.

Jeder hört den eigenen Namen gern. Man fühlt sich persönlich ernst genommen. Reden Sie Ihren Gesprächspartner deshalb wiederholt namentlich an. Fragen Sie nach, wenn Sie den Namen nicht verstanden haben oder die Schreibweise unklar ist. Bei Bedarf notieren Sie sich ihn. Bevorzugen Sie darüber hinaus den „Sie-Stil".

● **Hören Sie aktiv zu.**

Lassen Sie den anderen Ihre Aufmerksamkeit hören. Zuhören-können erweckt Sympathie.

Lassen Sie Ihren Gesprächspartner ausreden. Signalisieren Sie, dass Sie konzentriert zuhören, ihn ernst nehmen und Interesse an seinen Aussagen haben. Auf diese Weise aktivieren Sie ihn auch zum Sprechen. Die so gewonnenen Informationen können, z. B. in einem Verkaufsgespräch, für Ihre eigene Gesprächsstrategie sehr wichtig sein. Aktives Zuhören realisieren Sie durch:

– Aufmerksamkeitsformulierungen, z. B. „ja", „interessant", „wirklich?", „Das darf nicht wahr sein", „ach", „aha"

– Feed-back geben durch Rückformulierungen und Rückkopplungsfragen, z. B. „Habe ich Sie richtig verstanden, dass ...", „Sie meinen also, dass ..."

● **Knüpfen Sie einen emotionalen Kontakt.**

Hören Sie indirekte Botschaften und Gefühlslagen des anderen heraus.[1] Sprechen Sie diese Aspekte deutlich an und gehen Sie auf sie ein. Achten Sie in diesem Zusammenhang auch auf situationsspezifische Gegebenheiten.

Zum Beispiel:

„Frau Hollenberg, Sie scheinen noch Probleme zu sehen. Welche Bedenken haben Sie noch?"

„Ihre Stimme hört sich müde und abgespannt an, Herr Schneider. Die Vorbereitung der Messe nimmt Sie sicherlich sehr in Anspruch?"

● **Vermeiden Sie negative Äußerungen und halten Sie Zusagen ein.**

Bringen Sie Ihr Engagement deutlich zum Ausdruck.

Aussagen wie „Keine Zeit", „Rufen Sie später noch einmal an" u. a. haben insbesondere in Telefongesprächen mit Kunden nichts zu suchen. Wenn Sie selbst im Moment nicht helfen können, verbinden Sie mit dem zuständigen Mitarbeiter oder bieten Sie einen Rückruf an. Vereinbaren Sie dazu einen festen Termin und halten Sie sich vor allem an Ihre Zusage.

---

[1] *Vgl. S. 8*

- **Fragen Sie nach und machen Sie sich Notizen.**

  Versuchen Sie, so viele Informationen wie möglich von Ihrem Gesprächspartner zu bekommen. Finden Sie heraus, was er wirklich meint, worauf es
  ihm wirklich ankommt.

  Notieren Sie sich schon während des Telefonats wichtige Informationen,
  vor allem Termine. Wiederholen Sie wichtige Vereinbarungen, um Missverständnisse zu vermeiden.

  Geben Sie Buchstabierhilfen und bauen Sie „Eselsbrücken", wenn Sie
  selbst Namen oder kompliziertere Begriffe durchgeben.

  Zum Beispiel:

  *„Der Name ist Querbach; Quelle, Ulrich, Emil, Richard, dann -bach wie
  Fluss."*

- **Bringen Sie Ihr Interesse in Ihrer Sprechweise zum Ausdruck.**

  Bei einem Telefonat fehlt der direkte Kontakt. Ihre „Ausstrahlung", Ihre Beziehung zum Gesprächspartner, vor allem aber Ihr Engagement kann sich
  nur durch Ihre Stimme übertragen. Variieren Sie deshalb Ihre Stimm-
  führung. Heben und senken Sie angemessen Ihre Stimme, wechseln Sie
  situationsabhängig Tempo und Lautstärke, setzen Sie Akzente durch
  Sprechpausen.

  Vermeiden Sie nach Möglichkeit Telefongespräche in Stress-Situationen.
  Setzen Sie sich vor allem nicht selbst unter Stress, indem Sie während des
  Gesprächs gleichzeitig andere Dinge erledigen. Ihr Gesprächspartner
  merkt, dass Sie nicht bei der Sache sind.

10-Punkte-Plan
„Kompetent telefonieren"

1. Am Telefon lächeln
2. Sich freundlich und verständlich melden
3. Ins Gespräch positiv einsteigen
4. Aktiv zuhören
5. Gezielt fragen
6. Versteckte (Gefühls-) Botschaften erkennen
7. Lösungen vorschlagen
8. Zustimmung einholen
9. Erneuten Kontakt vereinbaren
10. Freundlich verabschieden

 **Training**

1. Über wichtige Telefonate, z. B. mit Kunden oder Mandanten, sollten Sie stets einen schriftlichen Telefonbericht anfertigten. Bei der Vorbereitung weiterer Kontaktaufnahmen sind diese Notizen eine wertvolle Hilfe.

   Entwickeln Sie für Telefonberichte ein Formular, in das Sie schon während des Gesprächs Eintragungen vornehmen können. Sie können bei der Gestaltung auch Symbole (Piktogramme) einsetzen.

2. Informieren Sie sich über die Mind-Map-Technik[1]. Protokollieren Sie mit dieser Methode ein Telefongespräch oder entwerfen Sie ein Stichwortkonzept zur Vorbereitung auf ein wichtiges Telefonat.

   Beispiel:

   Planung eines Telefongesprächs mit einem Mind-Map

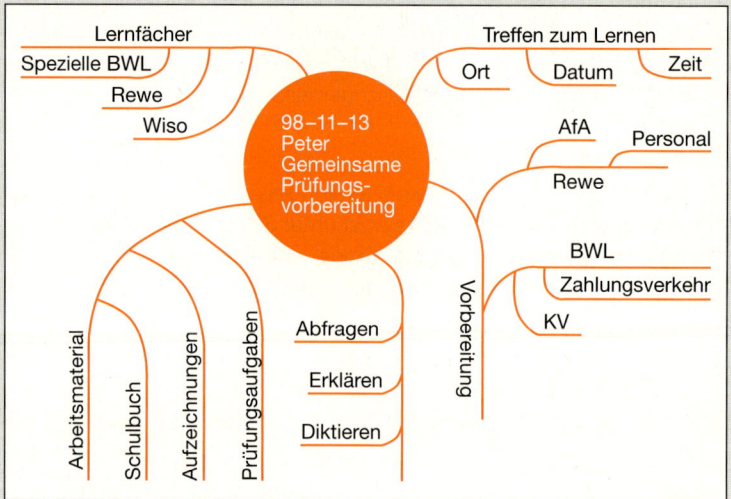

3. Informieren Sie sich über die „6-3-5-Methode"[2]. Entwerfen Sie ein „Problem-Analyse-Schema" (Format DIN-A4, quer) für einen der folgenden Problemfälle:

   – Ihr Gesprächspartner ist ein Dauerredner.
   – Ihr Gesprächspartner ist ein Schweiger.
   – Ihr Gesprächspartner ist aggressiv und beleidigend.
   – Ihr Gesprächspartner schweift permanent vom Thema ab.
   – Ihr Gesprächspartner weicht aus und kann sich nicht festlegen.

   Bearbeiten Sie in Gruppen zu sechs Teilnehmern mit dem entwickelten Schema das von Ihnen ausgewählte Problem.

---

[1] *Vgl. S. 24 ff.*
[2] *Vgl. S. 23*

Beispiel:

Mein Gesprächspartner ist ein Dauerredner		
Charakteristisches Gesprächsverhalten	Falsche Reaktionen	Tipps für richtiges Gesprächsverhalten
– Monologe	– Noch längere eigene Monologe	– Aktives Zuhören einschränken
– Hört nicht zu	– Feed-back geben	– Mit Namensnennung unterbrechen
usw.	usw.	usw.

4. Formulieren Sie positiv:
   – „Frau Schneider ist nicht an Ihrem Platz."
   – „Ich kann Sie jetzt nicht verbinden."
   – „Das ist nicht mein Aufgabenbereich."
   – „Bei Stornierungen fällt eine Bearbeitungsgebühr von 150 DM an."
   – „Bei Sonderangeboten ist der Umtausch ausgeschlossen."

5. Formulieren Sie im „Sie-Stil":
   – „Wir bitten um Rücksendung der Unterschriftskarte."
   – „Eine Durchschrift des Formulars erhält der Arbeitgeber."
   – „Wir liefern die Ware in 14 Tagen."
   – „Wir empfehlen eine umgehende Bestellung, da es sich um einen Restposten handelt."
   – „Wir haben unser Sortiment erweitert und bieten nun auch Damenoberbekleidung an."

6. Ärgerten Sie sich auch schon einmal über folgende Situation? Sie haben Ihrem Gesprächspartner ein komplexeres Anliegen geschildert und dieser antwortet nach Ihren umfangreichen Erläuterungen: „Das ist nicht mein Bereich. Ich verbinde Sie mit der zuständigen Sachbearbeiterin."
   Wie können Sie als Anrufer oder als Angerufener solche ärgerlichen Situationen vermeiden?

7. Rollenspiel
   Führen Sie mit einer Partnerin aus Ihrer Lerngruppe ein fiktives Telefongespräch zu einem der unten stehenden Gesprächsanlässe.
   Beachten Sie dabei den 10-Punkte-Plan „Kompetent telefonieren". Argumentieren Sie nicht nur auf der Sachebene, sondern bauen Sie auch einen emotionalen Kontakt auf (Beziehungsebene).

Werten Sie das Rollenspiel nach seiner Beendigung im Gespräch mit Ihrem Partner und den anderen Teilnehmern Ihrer Lerngruppe aus. Wie haben Sie persönlich und die anderen Beobachter Ihre emotionale Anteilnahme und Ihr Gesprächsverhalten erlebt?

Vorschläge für Gesprächsanlässe:

● Ein Kunde ruft an und möchte einen bestimmten Artikel bestellen. Die gewünschte Ware ist jedoch nicht sofort lieferbar.

● Sie rufen einen Stammkunden an, der jedoch schon seit längerer Zeit keine Bestellung mehr aufgegeben hat.

● Ein Kunde erkundigt sich nach dem Preis für ein Produkt (Sachgut oder Dienstleistung).

 **Literatur**

Hier können Sie sich weitergehend informieren:

Schuler, Helga: Telefonieren leicht gemacht: Basistraining für effektives Telefonieren. Gabal Verlag. 2. Auflage. Offenbach 1996

5.2.2 Sie führen als Kundenberater Verkaufsgespräche

 **Situation**

Als Auszubildende oder als Sachbearbeiterin sind Sie in der Verkaufsabteilung oder der Kundenberatung Ihres Betriebs tätig. In der nächsten Woche haben Sie mit einem Kunden einen Gesprächstermin vereinbart. Der Kunde hat bereits angedeutet, dass er sich für bestimmte Produkte Ihrer Unternehmung interessiert.

1. *Informieren Sie sich mit Hilfe des folgenden Informationsteils über den grundsätzlichen Aufbau eines Verkaufsgesprächs.*

2. *Planen Sie Ihr anstehendes Verkaufs- oder Beratungsgespräch. Beachten Sie folgende Planungsaspekte:*
   - *Legen Sie mögliche Themen für die Kontaktaufnahme fest.*
   - *Formulieren Sie Fragen für die Informationsphase.*
   - *Sammeln Sie Produkteigenschaften und formulieren Sie dazu präzise kundenbezogene Verkaufsargumente.*
   - *Notieren Sie typische Kundeneinwände und bereiten Sie Ihre Einwandbehandlung vor.*
   - *Bereiten Sie Abschlusshilfen vor, mit denen Sie Ihrem Kunden die Entscheidung erleichtern können.*

3. *Führen Sie vor Ihrer Lerngruppe das Verkaufsgespräch als Rollenspiel durch. Bitten Sie dazu ein Mitglied aus der Gruppe, die Rolle des Kunden zu übernehmen.*

4. *Analysieren Sie in Ihrer Lerngruppe Ihr Gesprächsverhalten. Berücksichtigen Sie insbesondere folgende Aspekte: Begrüßung, Kontaktaufnahme, Fragetechnik in der Informationsphase, Nutzenargumentation, Einwandbehandlung, Abschlusstechniken.*

Handlungsauftrag

1. Als guter Verkäufer sind Sie der Berater Ihres Kunden

Information

Sicherlich haben auch Sie sich als Kunde schon einmal geärgert, weil das erworbene Produkt nicht den erhofften Nutzen gebracht hat. Sie müssen erkennen, dass der Verkäufer nur an seinen Vorteil gedacht hat. Die Konsequenzen sind klar: Mit diesem Geschäftspartner werden Sie zukünftig kein Geschäft mehr abschließen.

Aus dieser persönlichen Erfahrung sollten Sie eine wichtige Lehre ziehen. Wenn Sie in der Rolle des Verkäufers längerfristig erfolgreich sein wollen, müssen Sie sich als sachkundiger und ehrlicher Berater Ihrer Kunden verstehen.

Der Verkäufer muss zunehmend Problemlöser für den Kunden sein.

Kein Kunde ist an den Eigenschaften Ihres Produkts interessiert, sondern nur an dem Nutzen, den ihm diese Eigenschaften bringen. Als Verkaufsberater haben Sie damit die Aufgabe, die Wünsche und Probleme Ihres Kunden zu ermitteln und ihm mit Ihrem Angebot die optimale Lösung dieser Probleme zu liefern.

2. Gewinnen Sie Ihren Kunden durch eine klare Gliederung des Verkaufsgesprächs

Bauen Sie Ihr Verkaufsgespräch übersichtlich auf. Das erleichtert Ihrem Kunden das Verständnis.

Je nach Situation und Kundentyp kann sich immer wieder ein anderer Ablauf ergeben. Als Verkaufsberater müssen Sie flexibel reagieren können. Dennoch kann folgendes Grundschema als Orientierungshilfe dienen.

Phasen eines Verkaufsgesprächs

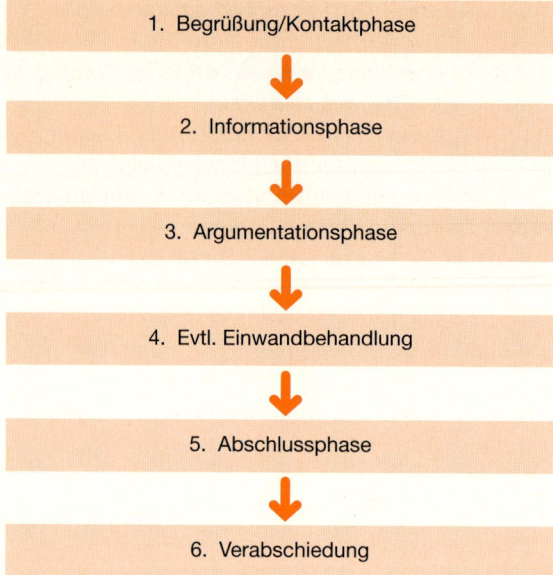

1. Begrüßung/Kontaktphase

2. Informationsphase

3. Argumentationsphase

4. Evtl. Einwandbehandlung

5. Abschlussphase

6. Verabschiedung

Stimmen Sie Ihren Kunden durch die Begrüßung positiv ein

Schon der erste Eindruck zählt.

Begrüßen Sie Ihren Kunden mit freundlicher, sicherer Stimme. Sprechen Sie ihn mit Namen an und schauen Sie ihn an. „Sagen" Sie ihm auch mit Ihrer Mimik: „Ich freue mich, Sie zu treffen." Vermeiden Sie jede gleichgültige Routine.

Strecken Sie nicht als erster die Hand zum Gruß entgegen. Sie dringen damit in die Intimdistanz Ihres Kunden ein, was als aufdringlich empfunden werden kann. Warten Sie die Bewegung Ihres Gesprächspartners ab und reagieren Sie gegebenenfalls mit einem sympathisch festen Händedruck.

Bauen Sie bei Bedarf eine persönliche Atmosphäre auf. Geeignete Kontaktthemen sind: Kinder, Beruf, aktuelles Ereignis u. a.

Versetzen Sie Ihren Kunden durch eine freundliche Bemerkung in eine positive Stimmung.

Beispiel:
„Guten Tag, Frau Hausmann, ich habe Ihre neue Kollektion auf der Messe gesehen. Sie gefällt mir sehr gut."

Holen Sie Informationen für eine kompetente Beratung ein

Ermitteln Sie mit offenen Fragen die Wünsche und Probleme Ihres Kunden.

Denken Sie daran: Als Kundenberater müssen Sie beweisen, dass Ihr Produkt die Probleme Ihres Kunden löst. Deshalb ist es zwingend erforderlich, diese Probleme zu kennen. Je mehr Informationen Sie über die Bedarfslage besitzen, desto besser können Sie den Kundennutzen Ihres Produktes darstellen. Die informativsten Antworten bringen offene Fragen[1].

---

[1] *Vgl. S. 82 f.*

Lassen Sie in dieser Phase Ihren Kunden reden. Unterbrechen Sie ihn nicht, sondern hören Sie konzentriert zu. Machen Sie sich bei Bedarf Notizen. Nur so lernen Sie seine Probleme kennen. Nutzen Sie die Zeit, um Ihr Angebot gedanklich vorzubereiten. Außerdem dokumentieren Sie durch Ihr Zuhören Interesse an den Problemen Ihres Kunden. Alleine dadurch gewinnen Sie ihn schon für sich.

Wer viel spricht, erfährt wenig.

Verhindern Sie, dass der Eindruck einer „Verhörsituation" entsteht:

- Leiten Sie die Fragen mit der Anrede ein, z. B. „Frau Meier, wann ..."
- Kündigen Sie Ihre Fragen an, z. B. „Darf ich noch eine Frage stellen? Wie ..."
- Formulieren Sie indirekte Fragen, z. B. „Unsere Technikerin, Frau Schmitz, muss wissen, woher ..."
- Begründen Sie neugierig klingende Fragen, z. B. „Es klingt vielleicht neugierig, aber wann ..."

Argumentieren Sie nutzenbezogen

Aus der Sicht Ihres Kunden gibt es keine Verkaufsargumente, sondern nur Einkaufsargumente. Das heißt, alle Verkaufsargumente müssen den individuellen Nutzen für den Kunden hervorheben (Nutzenargumente). Es bringt nichts, wenn Sie bloß die Eigenschaften Ihres Produkts anpreisen. Sie müssen vielmehr deutlich machen, inwiefern jedes Produktmerkmal ein Problem Ihres Kunden löst.

Verkaufen Sie nicht Produkt-Eigenschaften, sondern Kunden-nutzen.

Bieten Sie Ihrem Kunden die optimale Lösung für seine Produkte an.

Überfordern Sie nicht die Gedächtnisleistung Ihres Kunden, indem Sie ihn mit einer Vielzahl von Argumenten „überschütten". Finden Sie in der Informationsphase die zwei oder drei Vorteile heraus, die ihn wirklich überzeugen. Bedenken Sie auch: Mehrere Argumente, die direkt hintereinander vorgebracht werden, schmälern gegenseitig ihre Überzeugungskraft.

Beschränken Sie sich in der Anzahl Ihrer Argumente.

Nutzenbezogen argumentieren

- Bringen Sie am Anfang und am Schluss ein starkes Argument.
- Bringen Sie gerade so viele Argumente wie zur Überzeugung nötig sind.
- Kündigen Sie Ihr Argument an, z. B. durch die Anrede Ihres Kunden.
- Heben Sie Ihr Argument durch eine Sprechpause ab.
- Formulieren Sie Ihr Argument präzise in einem einfachen Satz.
- Geben Sie Ihrem Kunden Gelegenheit zur Stellungnahme und überprüfen Sie so die Wirkung Ihres Arguments.

Sehen Sie Kundeneinwände positiv

Ein Kundenein-wand ist ein positives Signal.

Einwände signalisieren, dass sich Ihr Kunde ernsthaft mit Ihrem Produkt auseinander setzt. Bei Desinteresse werden Sie mit einer unreflektierten Ablehnung konfrontiert.

Es ist normal, wenn in einem Entscheidungsprozess Zweifel und Unsicherheiten aufkommen. Wenn sie sich in Einwänden äußern, dann nutzen Sie diese Chance. Die Einwände zeigen, wo die Widerstände Ihres Kunden liegen und wie Sie weiter argumentieren müssen.

Auf Kundeneinwände können Sie mit verschiedenen Techniken reagieren:

- Reagieren Sie mit offenen Fragen. Zwingen Sie Ihren Kunden „Farbe" zu bekennen. Finden Sie die wahren Hintergründe heraus. Widerlegen Sie die Bedenken.
- Nennen Sie konkrete Referenzen, die zunächst denselben Einwand hatten, dann aber überzeugt werden konnten.
- Stellen Sie den Einwand zurück bis Sie ihn durch weitere Verkaufsargumente abgeschwächt haben.
- Nehmen Sie selbst einen erwarteten Einwand vorweg und widerlegen Sie ihn mit einem Nutzenargument.
- Setzen Sie die „Ja-aber-Methode" ein. Artikulieren Sie zunächst Verständnis („o. k.", „einverstanden", „Ich kann Ihre Auffassung nachvollziehen" u. a.). Nach einer kurzen Sprechpause leiten Sie Ihre Gegenargumentation ein („andererseits", „allerdings", „Bedenken Sie aber ..." u. a.).

Erkennen Sie die Kaufbereitschaft und führen Sie den Abschluss herbei

Nur selten sagt Ihr Kunde: „Ich will kaufen."

Ihr Kunde kann in jeder Gesprächsphase seine Kaufbereitschaft signalisieren. Er äußert Sie aber in der Regel nicht direkt. Es ist deshalb nicht immer leicht, die Abschlussreife zu erkennen. Indizien können sein:

- Ihr Kunde fragt konkret nach Service, Lieferzeit, Garantie u. a.
- Ihr Kunde wartet ab, zögert, zweifelt.

Bringen Sie jetzt keine neuen Verkaufsargumente, sondern zerstreuen Sie die Zweifel und schlagen Sie den Abschluss vor. Wenn Sie die Gunst der Stunde nicht erkennen, besteht die Gefahr, dass Ihr Kunde es sich wieder anders überlegt.

Provozieren Sie den Abschluss aber nicht aufdringlich, z. B. „Dann notiere ich schon einmal den Auftrag." Üben Sie auch keinen Druck auf den Kunden aus, z. B. „Sie sollten jetzt bestellen, da wir in drei Tagen eine neue Preisliste haben." Vermeiden Sie auch abschreckende Begriffe, z. B. „unterschreiben", „Kaufvertrag", „Kosten".

Hüten Sie sich vor „Abschluss-killern".

Erleichtern Sie Ihrem Kunden vielmehr seine Kaufentscheidung.

Führen Sie Ihren Kunden zum „Ja".

Geben Sie Entschlusshilfen.

- Zeigen Sie Ihrem Kunden, dass Sie Verständnis für sein Zögern haben.
- Stellen Sie eine Alternativfrage[1], z. B. „Wollen Sie über Ihr Spargut-haben nach einer Kündigungsfrist von drei oder sechs Monaten verfügen?"
- Stellen Sie eine Suggestivfrage, z. B. „Was meinen Sie, wie viele Tonnen Sie benötigen?"
- Fragen Sie Ihren Kunden nach den Ursachen für sein Zögern.
- Zeigen Sie die Vorteile eines Abschlusses auf.
- Unterstellen Sie einen Abschluss, z. B. „Sie werden sehen, Ihre nächste Inventur wird durch unser Überwachungssystem wesentlich besser ausfallen."
- Bewahren Sie sich ein schlagkräftiges Nutzenargument für die Abschlussphase auf.

Verabschieden Sie den Kunden freundlich

Verabschieden Sie sich freundlich, unabhängig vom Ausgang des aktuellen Gesprächs. Der letzte Eindruck bleibt in der Erinnerung Ihres Kunden haften. Dieser Eindruck muss gut sein. Fixieren Sie mit Ihrer Verabschiedung auch einen Anknüpfungspunkt für zukünftige Gespräche.

Schlagen Sie nicht die Tür zu, wenn der Kunde nicht gekauft hat.

Beispiel:

„Auf Wiedersehen, Frau Schneider. Auch wenn ich Sie noch nicht ganz vom Nutzen unseres Systems überzeugen konnte, war das Gespräch für mich sehr interessant. Die Unterlagen, für die Sie gerade Interesse zeigten, werde ich bei unserer Technik besorgen und Ihnen vorbeibringen."

---

[1] *Vgl. S. 82 f.*

 **Training**

1. *Nach der Begrüßungsphase benötigen Sie einen „Anknüpfungspunkt", um zur Informationsphase überleiten zu können. Beurteilen Sie die folgenden Gesprächseinstiege. Verbessern Sie sie bei Bedarf.*

   a) *„Ich weiß nicht, ob Sie unser neues Modell „Z 2000" schon kennen?"*

   b) *„Im letzten Rundschreiben haben wir Sie darüber informiert, dass die neue Modellreihe im April auf den Markt kommt."*

   c) *„Es tut mir leid, wenn ich Sie bei Ihren Abschlussarbeiten störe, aber unsere neue Kollektion müssen Sie einfach sehen."*

   d) *„Es wird ja auch Zeit, dass wir uns über die von Ihnen gewünschten Bestellmengen unterhalten."*

   e) *„Leider haben Sie ja unseren Messestand nicht besucht; deshalb müssen Sie sich jetzt einmal unser neues System ansehen."*

   f) *„Als kostenbewusster Abteilungsleiter legen Sie doch besonderen Wert auf eine energiesparende Anlage."*

   g) *„Ich bin gerade hier in der Gegend und da habe ich mir gedacht ..."*

   h) *„Sicher stellt für Sie die Einhaltung der neuen Umweltschutzrichtlinien auch ein Problem dar."*

2. *Legen Sie nach Ihrer Wahl eine typische Verkaufssituation aus Ihrem beruflichen Alltag fest. Formulieren Sie für die Informationsphase Fragen an den Kunden.*

   Beispiel aus der Kreditwirtschaft:

   Sie sind Privatkundenberaterin bei der XY-Bank. Am Beratungstisch sitzt Ihnen Frau Schneider gegenüber. Sie möchte gerne regelmäßig sparen. Welche Fragen stellen Sie Ihr?

3. *Geschlossene Fragen legen eine Ja- oder Nein-Antwort nahe. Nach mehreren Nein-Antworten des Kunden kann das Verkaufsgespräch schnell beendet sein.*

   Formulieren Sie die folgenden geschlossenen Fragen in offene Fragen um.

   a) *„Können Sie den Liefertermin bis morgen mit Ihren Technikern abstimmen?"*

   b) *„Sind Sie mit 5 % Mengenrabatt einverstanden?"*

   c) *„Soll ich mich noch einmal mit Ihnen telefonisch in Verbindung setzen?"*

   d) *„Haben Sie noch Fragen zu unserem neuen System?"*

   e) *„Soll ich Ihnen unser Prospekt zuschicken?"*

   f) *„Können wir diese Problematik einmal mit Ihren Technikern zusammen besprechen?"*

4. *In der Informationsphase ermitteln Sie die Bedürfnisse Ihres Kunden. In Ihrer Verkaufsargumentation müssen Sie den Kunden davon überzeugen, dass Eigenschaften Ihres Produkts diese Bedürfnisse befriedigen.*

   Sammeln Sie mit Hilfe der „6-3-5-Methode"[1] kundenbezogene Verkaufsargumente für ein Produkt Ihrer Wahl.

---

[1] *Vgl. S. 23*

Beispiel:

Verkauf einer Kreditkarte an einen Privatkunden		
Kundenbedürfnis	**Produktmerkmal**	**Argument**
Sicherheit	Versicherung bei Kartenmissbrauch	Mit dieser Kreditkarte ist eine Versicherung verbunden. Das bedeutet für Sie, dass Sie bei Kartenverlust kein Risiko tragen.
usw.		

5. a) Führen Sie in Ihrer Lerngruppe eine Kartenabfrage[1] zu Einwänden durch, die von Kunden immer wieder vorgebracht werden. Ordnen Sie diese Einwände unter geeigneten Oberbegriffen. Beziehen Sie sich bei Bedarf auf die Branche, in der Sie ausgebildet werden oder tätig sind.

Beispiel:

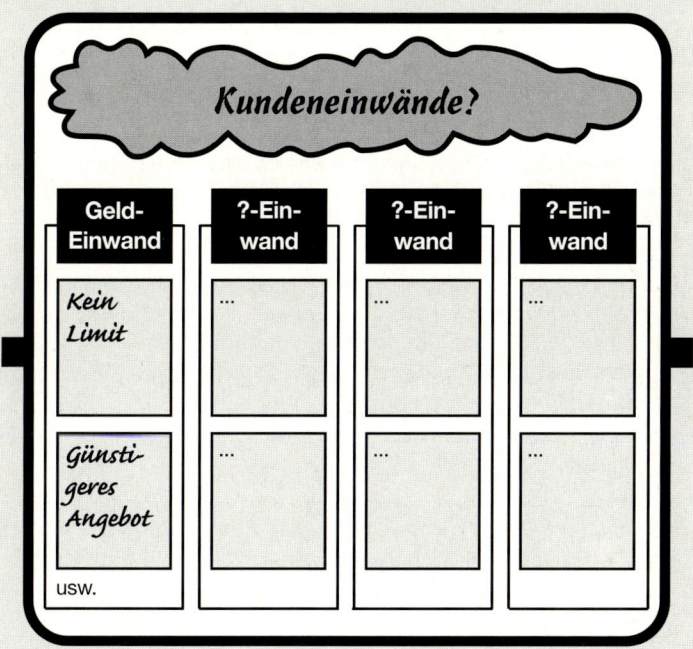

b) Entwerfen Sie mit Hilfe eines „Problem-Analyse-Schemas" („6-3-5-Methode"[2]) Reaktionen auf beliebige Einwände, die Sie im Zusammenhang mit der Teilaufgabe a) gesammelt haben. Setzen Sie dabei verschiedene Techniken der Einwandbehandlung ein.

---

[1] Vgl. S. 22 f.
[2] Vgl. S. 23

Beispiel:

Die Behandlung von Kundeneinwänden		
Kundeneinwand	**Technik**	**Erwiderung**
„Ihr Angebot ist zu teuer."	„Ja-Aber-Methode"	„Sicherlich gibt es Discountpreise, bedenken Sie aber, dass Sie in Problemfällen kostenlos unsere Hotline in Anspruch nehmen können – und das rund um die Uhr."

6. *Mit Alternativfragen erleichtern Sie Ihrem Kunden den Kaufabschluss. Stellen Sie nicht mehr als zwei Aspekte zur Auswahl. Die von Ihnen favorisierte Möglichkeit steht an zweiter Stelle, sie klingt damit Ihrem Kunden noch im Ohr. Formulieren Sie zu folgenden Zielsetzungen passende Alternativfragen.*

Beispiel:

Zielsetzung	Alternativfrage
Sie wollen einen Kaufabschluss über 100 Einheiten erreichen.	„Ab einer Bestellmenge von 100 Einheiten erhalten Sie 15 % Mengenrabatt. Ordern Sie 50 oder 100 Exemplare?"

a) *Sie wollen einen neuen Gesprächstermin, möglichst an einem Mittwoch, vereinbaren.*
b) *Ihr Kunde soll zum Kaufabschluss geleitet werden, wobei Sie daran interessiert sind, dass er die Messing- und nicht die Kunststoffausführung Ihres Produkts bestellt.*
c) *Ihr Kunde soll einen Auftrag erteilen und eine Metallic-Ausführung bestellen.*

7. *Informieren Sie sich darüber, was unter Cross-Selling zu verstehen ist. Sammeln Sie für Ihre Branche Ansätze für Cross-Selling.*

 **Literatur**

Hier können Sie sich weitergehend informieren:

Scheerer, Harald/Kohlmann-Scheerer, Dagmar: Kundenlust statt Kundenfrust. Gabal Verlag. Offenbach 1997

5.2.3 Reklamationen – behalten Sie nicht Recht, behalten Sie den Kunden

In einem Schuhfachgeschäft

 **Situation**

Kunde: Guten Tag, die Schuhe, die ich zur Zeit trage, habe ich vor ca. 10 Wochen bei Ihnen gekauft. Seit einiger Zeit knarrt beim Auftreten der Absatz des linken Schuhs. Hören Sie einmal.

(Der Kunde geht ein paar Schritte und demonstriert den Mangel.)

Verkäuferin: So etwas haben wir noch nie gehabt. Bestimmt sind Sie mit dem Absatz irgendwo hängen geblieben. Sie sagen ja selbst, dass Sie die Schuhe schon seit 10 Wochen tragen.

Kunde: *(erregt)* Ich bin mit dem Absatz nicht hängen geblieben. Erzählen Sie doch nicht so einen Blödsinn.

Verkäuferin: Werden Sie nicht unverschämt. *Ich* erzähle bestimmt keinen Blödsinn.

Kunde: *(Mit Beherrschung)* Lassen wir das. Was machen wir mit den Schuhen? So kann ich sie nicht tragen; sie haben es selbst gehört.

Verkäuferin: Wenn die Schuhe wirklich fehlerhaft sein sollten, dann hat das unser Lieferer zu verantworten. Wir können die Schuhe zum Werk einschicken und dort werden sie, wenn wirklich ein Mangel vorliegen sollte, repariert.

Kunde: Wie lange kann es dauern, bis ich die Schuhe zurückbekomme?

Verkäuferin: Genau kann man das vorher nicht sagen, aber mit mindestens drei Wochen müssen Sie schon rechnen.

Kunde: Drei Wochen?! So lange kann ich auf die Schuhe nicht warten. Ich brauche Sie jetzt, gerade bei dem angekündigten Regenwetter. Ich schlage vor, dass ich in die Herrenabteilung gehe und mir ein Ersatzpaar aussuche. Sollte ich keine passenden Schuhe finden, erstatten Sie mir den Kaufpreis und nehmen die Schuhe zurück. Vorsichtshalber habe ich ein Paar Ersatzschuhe im Auto. Es steht in der Marktgarage, ich kann die Ersatzschuhe schnell holen.

Verkäuferin: Sie sind vielleicht lustig. Wir können doch keine getragenen Schuhe zurücknehmen. Wie gesagt, wir können versuchen, Sie beim Hersteller reparieren zu lassen.

Kunde: *(erregt)* Ich möchte sofort die Geschäftsführerin oder den Geschäftsführer sprechen.

Verkäuferin: Die können Sie jetzt nicht stören. Die ist in einer wichtigen Besprechung.

**Handlungs-
auftrag**

1. *Informieren Sie sich mit Hilfe des folgenden Informationsteils über die Gesprächsführung bei Reklamationsgesprächen.*

2. *Analysieren Sie mit diesem Wissen das obige Gespräch. Welche Fehler macht insbesondere die Verkäuferin?*

3. *Formulieren Sie für die Verkäuferin Aussagen, die eine professionelle Abwicklung der Reklamation sicherstellen.*

Information

Reklamationen sind eine erfreuliche Angelegenheit.

1. Begreifen Sie Reklamationen als Chance

Die Erledigung einer Reklamation im Sinne des Kunden wirkt positiver als eine Auftragserfüllung. Betrachten Sie einen Kunden, der reklamiert, deshalb als Chance. Er kommt zu Ihnen und Sie haben Gelegenheit, ihn zufrieden zu stellen. Problematischer wäre es, wenn er ohne Rückmeldung als Kunde verloren ginge und negative Propaganda über Ihre Unternehmung verbreitete.

2. Managen Sie Reklamationen professionell

Zeigen Sie Verständnis

Geben Sie Ihrem Kunden Gelegenheit, „Dampf abzulassen".

Reklamierende Kunden brauchen zuerst ein Ventil, um ihren Unmut loswerden zu können:

- Hören Sie ruhig und sichtbar konzentriert zu. Zeigen Sie Ihrem Kunden mit Ihrer Körpersprache, dass Sie sein Anliegen wichtig und ernst nehmen.
- Lassen Sie den Kunden ausreden. Unterbrechen Sie ihn nicht vorschnell, um sich zu rechtfertigen oder um den Kunden zu korrigieren.
- Zeigen Sie als erstes Verständnis, nachdem der Kunde ausgeredet hat. Nehmen Sie Anteil an seinem Ärger, seiner Enttäuschung. Wiederholen Sie gegebenenfalls kurz mit eigenen Worten die Probleme des Kunden.
- Stehen Sie zu eventuellen Fehlern und entschuldigen Sie sich dafür.

Erforschen Sie die Ursachen auf der Sachebene

Betreiben Sie gewissenhafte Ursachenforschung.

Ihr Kunde will nicht nur Verständnis erfahren, er ist auch an einer Lösung für sein Problem interessiert.

- Verharmlosen Sie die Beschwerde nicht und weisen Sie den Kunden nicht ab.
- Schieben Sie die Schuld nicht auf andere. Greifen Sie vor allen Dingen den Kunden nicht an.
- Halten Sie sich mit „billigen Ausreden" zurück.
- Klären Sie die Ursachen für die Beschwerde. Fragen Sie gezielt nach. Machen Sie sich gegebenenfalls Notizen.
- Lenken Sie bei persönlichen Angriffen durch den Kunden auf die Sachebene zurück.

Suchen Sie nach Lösungen

- Zeigen Sie Lösungsmöglichkeiten auf. Wenn das Grundproblem nicht gelöst werden kann, suchen Sie nach Alternativen.
- Treffen Sie mit dem Kunden eine verbindliche Vereinbarung. Vergewissern Sie sich, dass der Kunde wirklich einverstanden ist und dass kein Missverständnis eingetreten ist.
- Versprechen Sie nichts, was Sie nicht halten können.

In der Regel gibt es für jedes Problem eine faire Lösung.

Sorgen Sie für einen positiven Ausklang

- Entschuldigen Sie sich gegebenenfalls noch einmal für Fehler.
- Sagen Sie eine rasche und gründliche Erledigung der Reklamation verbindlich zu.
- Kündigen Sie gegebenenfalls Präventivmaßnahmen an.
- Verabschieden Sie den Kunden freundlich und verbindlich.

Der letzte Eindruck bleibt haften.

 **Training**

1. *Sammeln Sie in Ihrer Lerngruppe mit Hilfe einer Kartenabfrage[1] Formulierungen, mit denen Sie auf eine Kundenreklamation verständnisvoll reagieren können.*

2. *Mit folgenden Aussagen reagiert ein Verkäufer/Berater in einem Reklamationsgespräch auf die Problemschilderung des Kunden. Beurteilen Sie, ob diese Erwiderungen problematisch sind. Verbessern Sie gegebenenfalls die Formulierungen.*

    a) *„Nun werden Sie einmal sachlich."*
    b) *„Da liegt bestimmt einen Bedienungsfehler vor."*
    c) *„Nein, das kann überhaupt nicht sein."*
    d) *„So etwas ist noch nie passiert."*
    e) *„Da haben die in der Wertpapierabrechnung geschlafen."*
    f) *„Dafür ist unser Lieferer verantwortlich."*
    g) *„Das stimmt doch gar nicht."*
    h) *„Sie sind der Erste, der das reklamiert."*

3. *In Reklamationsgesprächen ist der Kunde oft verärgert. Dies äußert sich in negativen „Du-Aussagen", z. B. „Mit diesem Gerät haben Sie mir den letzten Schund verkauft." Verstärken Sie die Aggressivität des Kunden nicht, indem Sie als Verkäufer mit einer negativen „Du-Aussage" reagieren, z. B. „Werden Sie bloß nicht unverschämt."*
    Antworten Sie auf Angriffe mit umkehrbaren „Ich-Aussagen".

„Auf einen groben Klotz gehört kein grober Keil."

---

[1] *Vgl. S. 22 f.*

Negative „Du-Aussagen" klagen an, enthalten einen Vorwurf an den Gesprächspartner. Bei einer „Ich-Aussage" teilen Sie dagegen Ihre persönliche Empfindung mit. Dabei ist es wichtig, klar zu sagen, was Sie stört. Damit zeigen Sie dem aggressiven Kunden, was er bei Ihnen angerichtet hat. Unausgesprochen steht damit auch die Bitte an den Kunden im Raum, dies wieder zu ändern. Dem können sich die meisten Kunden nur schwer entziehen.

"Ich-Aussagen" sind meistens auch umkehrbar. Eine Aussage ist umkehrbar, wenn Sie sie so formulieren, dass auch Sie nicht verletzt wären, wenn jemand diese Äußerung an Sie richtete.

Beispiel:

Nicht umkehrbare Aussage	Umkehrbare Aussage
„Das sehen Sie völlig falsch."	„Ich bin in diesem Punkt anderer Meinung."

a) Formulieren Sie zu folgenden Kundenaussagen eine umkehrbare „Ich-Aussage" als Erwiderung.

– „Das ist doch alles Unsinn, was Sie mir jetzt erzählen."
– „In Ihrem Laden klappt aber auch gar nichts."
– „Ihr Produkt taugt nichts."
– „Sie haben mich vor zwei Wochen völlig falsch beraten. Die Zinsen sind weiter gefallen."
– „Sie haben mir beim Verkauf der Kredit-Karte verschwiegen, dass bei Auslandsverwendung eine Extragebühr berechnet wird."

b) Sammeln Sie mit Hilfe einer Kartenabfrage[1] weitere aggressive „Du-Aussagen" von Kunden in Reklamationsgesprächen. Formulieren Sie dazu umkehrbare „Ich-Aussagen" als Erwiderung.

 **Literatur**   **Hier können Sie sich weitergehend informieren:**

Leicher, Rolf: Verkaufen. STS Verlag. Planegg 1998

_____

[1] Vgl. S. 22 f.

5.2.4 Beeindrucken und überzeugen Sie in Bewerbungs-gesprächen

Situation

Als Schüler einer berufsvorbereitenden Schule oder als Auszubildender haben Sie sich auf eine Ausbildungsstelle bzw. Arbeitsstelle (nähere Angaben nach eigener Wahl) beworben, die Sie nach Abschluss Ihrer (Schul-)Ausbildung antreten möchten.

Aufgrund Ihrer Bewerbung erhalten Sie folgendes Schreiben.

MOELLER Klöckner ⟨M⟩

Klöckner-Moeller GmbH · D-53105 Bonn

Klöckner-Moeller GmbH

Frau
Marie-Theres Muster
Hoffnungstaler Straße 1

D-53111 Bonn

Ihre Zeichen Your reference	Ihr Schreiben vom Your letter of	Unsere Zeichen Our reference	Tel. ++49 (0) 2 28 6 02-0 Durchwahl/Extension	FAX ++49 (0) 2 28 6 02- FAX	Datum Date
		UP/MÜ -11 34			1999-11-10

Ihre Bewerbung vom 23. September 1999

Sehr geehrte Frau Muster,

der Inhalt Ihrer Bewerbung hat uns sehr angesprochen. Deshalb möchten wir den gewonnenen Eindruck in einem persönlichen Gespräch festigen. Als Termin schlagen wir Ihnen den

25. November 1999

in unserer Hauptverwaltung, Hein-Moeller-Straße 11 in Bonn, vor.

Ihre Gesprächspartner sind Frau Schneider und Herr Meier.

Bitte bestätigen Sie uns den Termin, ggf. telefonisch unter der Telefonnummer (02 28) 6 02-11 34. Den beiliegenden Personalfragebogen bringen Sie bitte ausgefüllt zum Gespräch mit. Selbstverständlich tragen wir die anfallenden Reisekosten in Höhe der steuerlich zulässigen Erstattungsbeträge.

Wir freuen uns auf Ihren Besuch.

Mit freundlichen Grüßen

KLÖCKNER-MOELLER GMBH
Personalentwicklung

i. A. *Müller*

Müller

Anlage
Wegweiser
Personalfragebogen

Klöckner-Moeller GmbH
Hein-Moeller-Straße 7-11
D-53115 Bonn
Tel.: ++49 (0) 602-0
Fax: ++49 (0) 602-1558

Rechtsform:
Gesellschaft mit beschränkter Haftung
Sitz der Gesellschaft: Bonn
Registergericht Bonn Nr. HRB 285

Aufsichtsrat:
Dr. Emil Seidel, Vorsitzender
Geschäftsführer:
Rudi Boldin, Martin Rapp

Commerzbank Bonn
BLZ 380 400 07
Konto-Nr. 1 200 096

Auf dieses wichtige Gespräch wollen Sie sich vorbereiten.

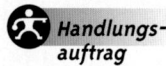 **Handlungs-auftrag**

1. *Führen Sie in Ihrer Lerngruppe eine Kartenabfrage[1] durch. Sammeln Sie:*

   a) *Fragen, mit denen ein Bewerber rechnen muss,*
   b) *Fragen, die der Bewerber stellen sollte.*

   Schreiben Sie auf jede Karte eine kurz und präzise formulierte Frage. Ordnen Sie die Fragen an den Bewerber nach übergeordneten Gesichtspunkten. Welche Themenbereiche ergeben sich?

2. *Analysieren Sie mit Hilfe der „6-3-5-Methode"[2] kritische Fragen an den Bewerber.*

   Beispiel:

Beantwortung kritischer Fragen im Bewerbungsgespräch

Frage an den Bewerber	Hintergrund der Frage	Hinweise für eine optimale Beantwortung
„Haben Sie sich noch bei anderen Unternehmungen beworben?"	Die Ernsthaftigkeit der Bewerbung erforschen; die Wertschätzung gegenüber dem potentiellen Arbeitgeber/ Ausbildungsbetrieb ermitteln.	Hohe Identifikation mit der aktuellen Bewerbung zum Ausdruck bringen, glaubwürdig bleiben (Gerade bei Ausbildungsplatzsuche sind Parallelbewerbungen normal.), Widersprüche vermeiden (z. B. parallele Bewerbung um eine Ausbildungsstelle als Bürokauffrau und Erzieherin).
usw.		

3. *Informieren Sie sich mit Hilfe des folgenden Informationsteils über das Bewerbungsgespräch.*

4. *Trainieren Sie das Bewerbungsgespräch mit Hilfe des folgenden Rollenspiels.*

---

[1] *Vgl. S. 22 f.*
[2] *Vgl. S. 23*

Zur Vorbereitung auf das Rollenspiel schreiben alle Mitglieder der Lerngruppe einen Bewerbungsbrief und einen Lebenslauf im Hinblick auf eine sie interessierende Stellenanzeige.

Danach werden Kleingruppen zu je 4 Personen gebildet: 2 Bewerber und 2 Interviewer (Personalleiter). In der Vorbereitungsphase zum Rollenspiel informieren sich die Interviewer anhand der Unterlagen (Stellenanzeige, Bewerbung, Lebenslauf) über die Stelle und die Bewerber. Sie bereiten Fragen für das Bewerbungsgespräch vor. Ebenso überlegen sich die beiden Bewerber zu erwartende Fragen und Antworten. Sie bereiten auch Fragen vor, die sie selbst stellen wollen.

Alle oder ausgewählte Kleingruppen demonstrieren vor der gesamten Lerngruppe ihre Bewerbungsgespräche. Dabei werden die beiden Bewerber hintereinander interviewt. Die anderen Teilnehmer der Lerngruppe beobachten den Gesprächsverlauf. Das sich anschließende Auswertungsgespräch sollte insbesondere auf folgende Aspekte eingehen: Reaktion der Bewerber auf kritische Fragen; Qualität der Fragen, die der Bewerber gestellt hat; Gesamteindruck des Bewerbers u. a.

1. Verkaufen Sie sich in einem Bewerbungsgespräch gut

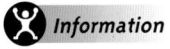 **Information**

Ein Bewerbungsgespräch ist mit einem Verkaufsgespräch zu vergleichen. Sie müssen Ihren Gesprächspartner davon überzeugen, dass Sie die richtige Person für die Lösung seiner Probleme (z. B. Erledigung von bestimmten Arbeiten) sind.

Aber Achtung: Ihre Persönlichkeit ist keine Billigware, die Sie reißerisch anbieten sollten.

Verkaufen Sie sich gut, aber preisen Sie sich nicht reißerisch an.

Wie jeder andere werden auch Sie Ihre Stärken und Schwächen haben. In einem Bewerbungsgespräch müssen Sie daher mit zwei Typen von Fragen rechnen.

Grundsätzliche Fragekategorien in einem Bewerbungsgespräch

Fragen, die sich auf Ihre Stärken beziehen	Fragen, die sich auf Ihre Schwächen beziehen
Strategie	**Strategie**
• Führen Sie diese Fragen möglichst oft herbei.	• Verhindern Sie diese Fragen nach Möglichkeit. Lenken Sie das Gespräch in eine andere Richtung.
• Maximieren Sie den Vorteil dieser Fragen für sich.	• Begrenzen Sie den Schaden.
• Machen Sie deutlich, inwiefern Ihre positiven Eigenschaften einen Vorteil für Ihren potentiellen Arbeitgeber/Ausbildenden darstellen.	• Erklären Sie Ihre Schwächen plausibel.
• Präsentieren Sie Ihre Qualitäten nicht prahlerisch, eher beiläufig, jedoch unübersehbar.	• Mildern Sie Ihre Schwächen ab, indem Sie ihnen Stärken gegenüber stellen.

2. Sehen Sie den Ablauf eines Bewerbungsgesprächs vorher

Nutzen Sie die Vorhersehbarkeit eines Bewerbungsgesprächs für eine sorgfältige Vorbereitung Ihrer Gesprächsbeiträge (Antworten, Stellungnahmen, Fragen).

Im Gegensatz zu einem Prüfungsgespräch[1] können Sie den Gesprächsablauf und das Fragenrepertoire bei einem Bewerbungsgespräch in Grenzen vorhersehen.

Nutzen Sie diese Chance. Bereiten Sie Ihre Antworten auf die erwarteten Fragen vor. Trainieren Sie sie mit Hilfe des „Sprech-Denkens"[2]. Bedenken Sie, dass Ihre Antworten im Gespräch „Mini-Reden" sind, die Sie rhetorisch gekonnt präsentieren müssen.[3]

Eine gute Vorbereitung ist um so wichtiger, als viele Fragen recht heikel sind. In der Stress-Situation des Vorstellungsgesprächs erkennen Sie nicht immer den eigentlichen Hintergrund der Frage. Auf diese Intention des Fragestellers müssen Sie Ihre Antwort jedoch ausrichten.

Begrüßung und small talk

„primacy effect": Der erste Eindruck schafft eine prägende Voreinstellung.

Ihr Gesprächspartner gewinnt den allerersten Eindruck von Ihrer Person. Ist dieser positiv, neigen viele Personalleiterinnen und -leiter zu einer Gesprächsführung, bei der der Bewerber sich positiv darstellen kann.

Merke:

● Machen Sie einen sympathischen ersten Eindruck (Äußeres, Auftreten, Umgangsformen u. a.).
● Dokumentieren Sie in der Warming-up-Phase über allgemeine Themen Ihre Kommunikationsfähigkeit.

Fragen zum Werdegang und zu den Bewerbungsmotiven

Ihr Gesprächspartner prüft die Motive Ihrer Bewerbung. Haben Sie ein ernsthaftes Interesse an der ausgeschriebenen Stelle? Welche Wertschätzung bringen Sie ihm entgegen? Wie realistisch sind Ihre Einschätzungen?

1. Schildern Sie uns bitte kurz Ihren bisherigen Werdegang.
2. Warum haben Sie sich gerade bei unserer Unternehmung beworben?

---

[1] *Vgl. S. 115 ff.*
[2] *Vgl. S. 42 ff.*
[3] *Vgl. S. 53 ff.*

3. Warum bewerben Sie sich auf diese Stelle? Was reizt Sie an dieser Aufgabe/Ausbildung?

4. Warum wollen Sie Ihren jetzigen Arbeitsplatz aufgeben? Was hat Ihnen an Ihrem bisherigen Arbeitsplatz gefallen, was missfallen?

5. Haben Sie sich noch bei anderen Unternehmen beworben?

Merke:

- Heben Sie die Aspekte Ihrer Ausbildungs- und Berufslaufbahn hervor, die zum Anforderungsprofil der Stelle passen.
- Fangen Sie nicht bei „Adam und Eva" an. Demonstrieren Sie, dass Sie Wesentliches vom Unwesentlichen unterscheiden können.
- Verweisen Sie auf konkrete Indizien, die Ihr Interesse glaubwürdig machen (z. B. Schwerpunkte und Wahlfächer während der Ausbildung, Bezug zu Freizeitinteressen, Praktikumserfahrungen, Chancen zur beruflichen Weiterentwicklung, Zukunftsrelevanz und Attraktivität des Arbeitsgebiets).
- Vermeiden Sie plumpe Schmeicheleien.
- Beklagen Sie sich nicht über jetzige oder frühere Arbeitgeber/Vorgesetzte.
- Begründen Sie Ihren angestrebten Wechsel mit Ihrer Flexibilität und Innovationsbereitschaft.
- Machen Sie die Priorität der aktuellen Bewerbung deutlich.

Nutzen Sie die Chance zur positiven Selbstdarstellung.

Fragen zur neuen Stelle

Ihr Gesprächspartner prüft die Qualität Ihrer Vorbereitung auf das Bewerbungsgespräch. Können Sie Ihre Perspektiven realistisch einschätzen?

1. Woher kennen Sie unsere Unternehmung/Institution?

2. Was wissen Sie über unsere Unternehmung/Institution (Produkte, Marktstellung, Rechtsform, Organisationsstruktur u. a.)?

3. Wie stellen Sie sich Ihre Tätigkeit/Ausbildung bei uns vor?

4. Haben Sie einen persönlichen Bezug zu unserer Unternehmung/Institution? Kennen Sie Mitarbeiter aus unserem Hause? Was haben die Ihnen über unser Haus erzählt?

5. Wie stellen Sie sich Ihre berufliche Entwicklung in unserem Unternehmen vor?

Merke:

- Informieren Sie sich vorab über die Unternehmung/Institution.
- Stellen Sie sich nicht als Alles- oder Besserwisser dar.
- Plaudern Sie nicht über Internes aus der „Gerüchteküche".
- Berücksichtigen Sie bei der Angabe von Ihnen bekannten Mitarbeitern deren Position und Ansehen.
- Dokumentieren Sie ausgewogen Realitätssinn und beruflichen Ehrgeiz.

Machen Sie sich vorab mit dem Unternehmen/ der Institution bekannt.

Fragen zur Aus- und Weiterbildung

Ihr Gesprächspartner möchte herausfinden, ob Sie Ihren Berufsweg zielstrebig entsprechend Ihrer Interessen und Neigungen eingeschlagen haben. Wie reagieren Sie in Problemsituationen? Geben Sie immer nur anderen die Schuld?

1. Welche Fächer lagen Ihnen in der Schule besonders?

2. Welche Fächer lagen Ihnen in der Schule nicht?

3. Woran lag es, dass Sie auf Ihrem Abschlusszeugnis im Fach Deutsch die Note ausreichend erhalten haben?

4. Wie sind Sie mit Ihren Lehrern zurecht gekommen?

5. Welche beruflichen Weiterbildungsmaßnahmen haben Sie durchgeführt?

Stehen Sie zu Ihren Stärken und Schwächen.

Merke:

● **Verstricken Sie sich nicht in Widersprüche.**

● **Schieben Sie die Schuld nicht nur auf andere.**

● **Erklären Sie plausibel Ihre Schwächen.**

● **Beweisen Sie, dass Sie sich beruflich auf dem Laufenden halten (z. B. durch Besuch von Lehrgängen oder durch Fachliteratur).**

Fragen zu Ihrer Person, zum familiären Hintergrund, zu Hobbys, zu Freizeitaktivitäten

Sage mir, mit wem du umgehst, und ich sage dir, wer du bist.

Ihr Gesprächspartner will Sie als Person kennenlernen und sich über das Milieu, in dem Sie leben, informieren. Sind Sie ein vielseitig interessierter Mensch? Sind Sie eher ein „Einzelkämpfer" oder ein „Gruppenmensch"? Wie ist es um Ihre Konfliktlösungsfähigkeit bestellt? Welche politischen, sozialen und gesellschaftlichen Prioritäten setzen Sie?

1. Wie würden Sie sich selbst charakterisieren? Was sind Ihre Stärken, Ihre Schwächen?

2. Was sind Ihre persönlichen Lebensziele?

3. Stellen Sie uns bitte einmal Ihre Familie vor. (Bewerbung um einen Ausbildungsplatz: Wie verstehen Sie sich mit Ihren Eltern, Geschwistern, Lehrern?)

4. Was schätzen Sie generell an anderen Menschen, was nicht?

5. Welche Interessen, Hobbys haben Sie? Gibt es Bereiche, für die Sie sich besonders engagieren?

Merke:

- Stellen Sie sich nicht total problemlos dar. Erhöhen Sie Ihre Glaubwürdigkeit, indem Sie wohldosiert auch Schwierigkeiten andeuten. Schließen Sie aber immer mit einer konstruktiven Bemerkung ab.
- Vermeiden Sie private Selbstoffenbarungen. Leiten Sie gezielt auf die berufliche Ebene über. Konzentrieren Sie sich auf Ihre beruflichen Zielsetzungen.
- Machen Sie deutlich, dass Sie kein Einzelgänger sind. Die moderne Arbeitswelt braucht teamfähige Mitarbeiter.
- Stellen Sie Hobbys und außerberufliche Aktivitäten heraus, die in einer positiven Beziehung zur angestrebten Stelle stehen.
- Machen Sie sich bewusst, wie ein politisches und soziales Engagement von Ihrem potentiellen Arbeitgeber eingeschätzt wird.

Fragen des Bewerbers

- Disqualifizieren Sie sich nicht mit Fragen, die an anderen Stellen des Gespräch eigentlich schon geklärt worden sind.
- Vermeiden Sie Fragen mit einem „Negativ-Image" (Urlaub, Sozialleistungen, Betriebsrente u. a.).
- Bereiten Sie z. B. Fragen zu folgenden Aspekten vor:
  - Aufgabengebiet,
  - Kooperationspartner,
  - Zuständigkeit und Verantwortung,
  - Organisationsplan/Betriebshierarchie,
  - Entwicklungsmöglichkeiten,
  - Fort- und Weiterbildungsangebote.

An klugen Fragen erkennt man einen klugen Kopf.

Gesprächsabschluss und Verabschiedung

Gegebenenfalls leitet Ihr Gesprächspartner den Gesprächsabschluss mit einer Frage der folgenden Art ein:

Warum sollten wir uns gerade für Sie entscheiden?

Sie haben dann die Gelegenheit, Ihre positiven Eigenschaften in Bezug auf die zu besetzende Stelle zusammenzufassen.

Bei der Verabschiedung kommt es auch für Ihren Gesprächspartner darauf an, einen angenehmen Abschluss herbeizuführen: Er wird sich für Ihre Bewerbung, Ihren Besuch und Ihr Interesse an der Unternehmung/Institution bedanken.

„recency effect": Was zuletzt mitgeteilt (verbal oder non-verbal) wird, bleibt in Erinnerung.

- Klären Sie ohne Ungeduld und Bedrängung, wie der weitere Entscheidungsprozess abläuft.
- Äußern Sie keine Selbstzweifel.
- Bewahren Sie bei der Verabschiedung die Contenance. (Lächeln Sie, verlassen Sie ruhig und selbstsicher den Gesprächsraum, atmen Sie nicht erleichtert auf u. a.)

 **Training**

1. Welche Intention verfolgt der Interviewer in einem Bewerbungsgespräch jeweils mit folgenden Fragen? Entwerfen Sie Antworten, die diese Zielsetzung berücksichtigen.

   a) Welche Gehaltsvorstellung haben Sie?
   b) Wie lange wird Ihre Einarbeitungszeit dauern?
   c) Warum sollten wir gerade Sie einstellen?

2. Welche Informationsquellen stehen zur Verfügung, wenn Sie sich zur Vorbereitung auf ein Vorstellungsgespräch über eine Unternehmung/Institution informieren wollen?

3. Vergleichen Sie die folgenden Formulierungsvarianten. Inwiefern gelingt es dem Interviewer, durch Fragetechnik das Gespräch zu steuern? Welche Zielsetzung verfolgt er mit diesen Fragen? Wie sollten Sie als Bewerber auf diese Fragen reagieren?

   a) Hatten Sie an Ihrem letzten Arbeitsplatz persönliche Schwierigkeiten mit Ihren Vorgesetzten oder Kollegen?
   b) Mit welchen persönlichen Schwierigkeiten im Verhältnis zu Ihren Vorgesetzten oder Kollegen mussten Sie sich an Ihrem letzten Arbeitsplatz auseinander setzen?
   c) Wie ist es Ihnen gelungen, persönliche Schwierigkeiten, die Ihnen Vorgesetzte oder Kollegen gemacht haben, zu bewältigen?

4. Ein jeder kann von sich behaupten, dass er z. B. teamfähig sei. Bei derartigen schwer erfassbaren Qualifikationen ist es deshalb günstiger, wenn Sie sie nicht nur direkt, sondern auch indirekt formulieren. D. h., geben Sie Hinweise und Indizien, aus denen Ihr Gesprächspartner die verlangten Fähigkeiten ableiten kann. Von der Richtigkeit seiner eigenen Schlussfolgerungen wird er eher überzeugt sein.
   Formulieren Sie folgende Aussagen indirekt:

   a) Ich bin teamfähig.
   b) Ich besitze die Fähigkeit, Probleme zu lösen.
   c) Ich bin flexibel.
   d) Eine positive Eigenschaft meiner Person ist meine Zielstrebigkeit.

5. Entwerfen Sie als Berufseinsteiger (Alternativen nach eigener Wahl) ein „Stellengesuch" (Zeitungsinserat). Gestalten Sie Ihre Anzeige „werbewirksam". Stellen Sie sie den anderen Teilnehmern Ihrer Lerngruppe vor und bitten Sie sie um eine Beurteilung.

 **Literatur**

Hier können Sie sich weitergehend informieren:

Hesse, Jürgen/Schrader, Hans Christian: Das erfolgreiche Vorstellungsgespräch. Eichborn Verlag. Frankfurt am Main 1995

5.2.5 Meistern Sie Prüfungsgespräche erfolgreich

 **Situation**

Als Schüler einer berufsvorbereitenden Schule oder als Auszubildender werden Sie in Kürze eine mündliche Abschlussprüfung ablegen.
Sie müssen dann u. a. mit Anforderungen der folgenden Art rechnen.

Prüferin:

„Nach erfolgreicher Prüfung erhalten Sie im Rechnungswesen einer Industrieunternehmung ein eigenes Sachgebiet. Nachdem Sie Ihre neue Funktion angetreten haben, zerstört ein Kurzschluss die Festplatte Ihres PC mit den Kundendaten und Rechnungen. Sie sind, wie gesagt, für diesen Arbeitsbereich zuständig.
Nehmen Sie zu dieser Situation bitte einmal Stellung."

Auf derartige situationsbezogene Prüfungsaufgaben wollen Sie sich vorbereiten.

 **Handlungsauftrag**

1. *Führen Sie in Ihrer Lerngruppe eine Kartenabfrage[1] durch. Notieren Sie auf jeder Karte stichwortartig Handlungssituationen, die in Ihrer mündlichen Prüfung thematisiert werden können (z. B.: Privatkunde – Kontoeröffnung – Kritik an pauschaler Kontogebühr). Ordnen Sie in Ihrer Lerngruppe diese Prüfungsaspekte nach übergeordneten Gesichtspunkten.*

2. *Informieren Sie sich im folgenden Informationstell über das Prüfungsgespräch. Entwerfen Sie mit diesem Wissen für eine ausgewählte situative Prüfungsaufgabe die Antwort. Bauen Sie Ihre Antwort so auf, dass Sie Problemlösungskompetenz dokumentieren.*

3. *Bilden Sie in Ihrer Lerngruppe Kleingruppen zu je 4 Personen: 1 Prüferin, 1 Prüfling, 2 Beobachter. Trainieren Sie das Prüfungsgespräch im Rollenspiel. Wechseln Sie dabei immer wieder die Rollen. Konzentrieren Sie sich bei der Gesprächsauswertung auf folgende Aspekte: Hat der Prüfling Fach-, Problemlösungs- und Kommunikationskompetenz gezeigt? Hat der Prüfling Einfluss auf den Gesprächsverlauf genommen?*

---

[1] *Vgl. S. 22 f.*

 **Information**

I. Dokumentieren Sie nicht nur Faktenwissen, sondern auch Handlungskompetenz

Fachkompetenz
+ Problemlösungskompetenz
+ Kommunikationskompetenz

= (Berufliche) Handlungskompetenz

In der Vergangenheit dominierten in mündlichen Prüfungen überwiegend reine Wissensfragen. Das ändert sich zunehmend. Ziel der (Schul-)Ausbildung ist die berufliche und gesellschaftliche Handlungskompetenz. Gerade auch in der mündlichen Prüfung müssen Sie deshalb nachweisen, dass Sie in komplexen (beruflichen) Situationen kompetent handeln können.

1. Fachkompetenz	Sie können fachliche Kenntnisse, Fähigkeiten und Fertigkeiten in der selbstständigen Bearbeitung von fachlichen Aufgabenstellungen anwenden.
2. Problemlösungskompetenz	Sie können die Problematik komplexerer (beruflicher) Situationen erkennen, Lösungsalternativen entwickeln, geeignete Lösungen begründet auswählen, durchführen und das Ergebnis kritisch auswerten.
3. Kommunikationskompetenz	Sie können mit anderen (z. B. Kunden) situations-, intentions- und adressatenbezogen Informationen austauschen (verbal und non-verbal).

„out": reine Wissensfragen; „in": komplexe berufliche Situationen mit Aufforderungscharakter an den Prüfling

Prüfungsanforderungen in einer mündlichen Prüfung

Abfragen von reinem Faktenwissen	Überprüfung der Handlungskompetenz
Erklären Sie, was ein festverzinsliches Wertpapier ist.	Als ausgebildeter Bankkaufmann sind Sie in der Privatkundenberatung eingesetzt. Ein Kunde, der 500.000,00 Euro geerbt hat, hat mit Ihnen einen Beratungstermin vereinbart. Er will sich über verschiedene Anlagemöglichkeiten informieren.

Fachkompetenz – ohne Fachwissen geht es nicht

Je besser Sie den Prüfungsstoff beherrschen, desto wirksamer können Sie den Ablauf des Prüfungsgesprächs beeinflussen.

Fachliche Kenntnisse, Fähigkeiten und Fertigkeiten sind die Basis für die Bewältigung von (beruflichen) Situationen. Insofern müssen Sie auch in situationsorientierten mündlichen Prüfungen Fachwissen nachweisen.

Fachkompetenz sicherstellen

1. Sich den Prüfungsstoff kontinuierlich während der gesamten Ausbildung aneignen; neue Wissensinhalte mehrmals wiederholen und üben; Verständnisprobleme sofort klären
2. Rechtzeitig mit der Prüfungsvorbereitung beginnen
3. In der Vorbereitungsphase einen monatlichen, wöchentlichen, täglichen Arbeitsplan aufstellen
4. Ständig die Planerfüllung kontrollieren
5. Für ungestörte Arbeitsmöglichkeit sorgen
6. Regelmäßig wohldosierte Entspannungspausen einlegen

Problemlösungskompetenz – problemorientierte Ausführungen überzeugen die Prüfer

Weisen Sie Ihre Problemlösungsfähigkeit nach, indem Sie Ihre Antworten problemorientiert strukturieren.

1. Schritt Problemanalyse und Zielbestimmung	„In dieser Situation liegt folgende grundsätzliche Problematik vor: ..." (Z. B. Erläuterung der verschiedenen Kundenansprüche und der Zielsetzung des Kundengesprächs)
2. Schritt Aufzeigen von Lösungsalternativen	„Zur Lösung der Kundenprobleme stehen verschiedene Produkte unseres Hauses zur Verfügung: ..." (Erläuterung der Produkteigenschaften in Bezug auf die Ansprüche des Kunden)
3. Schritt Begründete Auswahl einer Lösung	„In der Argumentationsphase des Beratungsgesprächs biete ich dem Kunden folgendes Produkt an: ...; weil ..." (Begründung des Angebots)

Der „Problemlösungs-Dreisatz"

- Die besondere Problematik der Situation erkennen und beschreiben
- Lösungsalternativen aufzeigen
- Geeignete Lösung auswählen und begründen

Zeigen Sie Ihre Fähigkeit, Probleme systematisch zu lösen.

Kommunikationskompetenz – Kommunikationsfähigkeit durch Gesprächsverhalten in der Prüfung nachweisen

Unsere Gesellschaft ist eine Kommunikationsgesellschaft. Die Fähigkeit, sich sach-, situations-, ziel- und empfängerorientiert mit anderen auszutauschen, gewinnt im (Berufs-)Alltag eine immer größere Bedeutung. Nur wer kommunikationsfähig ist, verfügt über (berufliche) Handlungskompetenz.

Außerdem nimmt die Kommunikationskompetenz eine herausragende Stellung ein. Nur über sie können sich das fachliche Können und das problemorientierte Denken entwickeln und mitteilen.

Es ist deshalb nicht verwunderlich, dass Ihre Prüferin auf Ihr Gesprächsverhalten während der Prüfung achtet. Sie wird daraus Rückschlüsse auf Ihre
Kommunikationsfähigkeit ziehen.

Bedenken Sie: Eine umfassende Stellungnahme zu einer situativen Prüfungsaufgabe stellt eine „Mini-Rede" dar. Trainieren Sie deshalb rechtzeitig die Vorbereitung, Einübung und Präsentation einer Kurzrede.[1]

Kommunikationsfähigkeit nachweisen

*Zeigen Sie durch
Ihr kommunikati-
ves Verhalten in
der Prüfungs-
situation, dass Sie
kommunizieren
können.*

- **Zusammenhängende ausführlichere Statements abgeben**
- **Sich nicht alles „aus der Nase ziehen" lassen**
- **Ausführliche Antworten mit einem Einleitungssatz (z. B. Gliederung der Ant-
wort) und Schlusssatz (z. B. Zusammenfassung) versehen**
- **Den Redebeitrag übersichtlich gliedern, z. B. Problemlösungs-Dreisatz**
- **Abstrakte Sachverhalte durch Beispiele veranschaulichen**
- **Erklärungen evtl. visualisieren**
- **Einfache, verständliche Sätze bilden**
- **Fachbegriffe einsetzen**
- **Frei sprechen**
- **Laut und deutlich sprechen**
- **Stimme variieren, z. B. „Wirkungspausen" einlegen**
- **Blickkontakt zu den Prüfern halten**

2. Sie beeinflussen als Prüfling den Prüfungsverlauf

*Als Prüfling sind
Sie nicht völlig
ausgeliefert.*

Sie meinen, das geht doch gar nicht?

Natürlich ist die Prüferin in der gesprächsbestimmenden Position. Sie legt die
Abfolge der Themen fest und beeinflusst den Stil des Gesprächs.

Dennoch haben auch Sie als Prüfling begrenzte Möglichkeiten, den Gesprächsverlauf zu steuern und das Gesprächsergebnis zu beeinflussen.

Lenken Sie das Gespräch auf Ihre Spezialgebiete

- Beantworten Sie zunächst, so gut es geht, die gestellte Frage. Verweisen
Sie dann beiläufig mit einer auffälligen Bemerkung auf ein benachbartes
Sachgebiet, in dem Sie sich besonders gut auskennen. Vielleicht reagiert
Ihre Prüferin wunschgemäß.

„In diesem Zusammenhang ist auch ... sehr interessant."

---

[1] *Vgl. S. 45 ff.*

- Setzen Sie bei der Beantwortung selbstständig Prämissen, die die Aufgabe für Sie lösbarer machen.

  „Ich gehe davon aus, dass ...“
  „Ich verstehe den Begriff ... so, dass ...“

- Lenken Sie konkrete Fragen auf eine allgemeine Ebene, auf der Sie sich besser auskennen.

  „Die Frage der ... spielt auch in der aktuellen politischen Auseinandersetzung eine große Rolle. Dabei wird diskutiert ...“

- Verweisen Sie Ihre Prüferin auf einen anderen Themenbereich, wenn Sie sich in dem angesprochenen Gebiet überhaupt nicht auskennen.

  „Mit der Thematik ... habe ich mich nur sehr oberflächlich auseinander gesetzt. Das liegt daran, dass meine Arbeits- und Interessenschwerpunkte ... sind.“

Fragen Sie nach

- Fragen Sie nach, wenn Sie etwas nicht verstanden haben.

  „Was verstehen Sie unter ...?“

- Wenn Sie eine Frage nicht beantworten können, dann fragen Sie Ihre Prüferin nach weiteren Informationen, die Ihnen vielleicht weiterhelfen.

  „Mir ist noch nicht ganz klar, wie Sie ... verstehen.“
  „Können Sie Ihre Frage etwas näher erläutern?“

Beweisen Sie Ihre Denkfähigkeit

- „Platzen“ Sie nicht mit einer Antwort heraus, auch wenn Sie sie spontan wissen. Entwickeln Sie diese in mehreren gedanklichen Schritten. So dokumentieren Sie Ihre Denkfähigkeit und vermeiden den Eindruck, dass Sie nur Auswendiggelerntes wiedergeben.

Informieren Sie sich nach Möglichkeit vorab über die Arbeits- und Interessenschwerpunkte Ihrer Prüferin

- Bereiten Sie sich in diesen Themenbereichen besonders gut vor.

- Lenken Sie das Prüfungsgespräch auch in Sachgebiete, in denen Ihre Prüferin weniger zu Hause ist.

 **Training**

1. Rollenspiel „Prüfungsgespräch"

Vielleicht denken Sie jetzt:

In der Prüfung bin ich viel zu aufgeregt, um die obigen Hinweise zu beachten.

In der Tat, die notwendige Routine gewinnen Sie nur, wenn Sie die Prüfungssituation immer wieder im Rollenspiel durchgehen.

a) Stellen Sie gemeinsam mit anderen Prüfungskandidaten immer neue Listen auf von:
   – Fachfragen (Prüfung von reinem Fachwissen)
   – Situationsbezogenen Aufgabenstellungen (Prüfung der Handlungskompetenz)

   Setzen Sie dazu auch das Instrument der Kartenabfrage ein.

b) Gehen Sie diese Fragen und Aufgaben immer wieder im Rollenspiel durch. Wechseln Sie dabei in Ihrer Lerngruppe die Rollen. Sprechen Sie bei der Auswertung eines Rollenspiels nicht nur über den Stoff, sondern auch über die Antworttechniken des Prüflings.

2. Nutzen Sie für Ihre Prüfungsvorbereitung auch die Methode des Mind-Mapping[1]. Fertigen Sie zu Fachbegriffen und/oder situationsbezogenen Aufgaben Mind-Maps an. Warum ist diese Vorbereitungsmethode sinnvoll?

Beispiel:

Als Versicherungskauffrau sind Sie in der telefonischen Beratung tätig. Ein Anrufer bittet um Auskunft in folgender Angelegenheit: Er habe vor kurzem ein Haus geerbt. Der Erblasser habe kurz vor seinem Tod bei einer anderen Versicherungsgesellschaft eine Gebäudeversicherung abgeschlossen. Er möchte diesen Vertrag kündigen, um evtl. zu Ihrer Versicherung zu wechseln.

Mind-Map

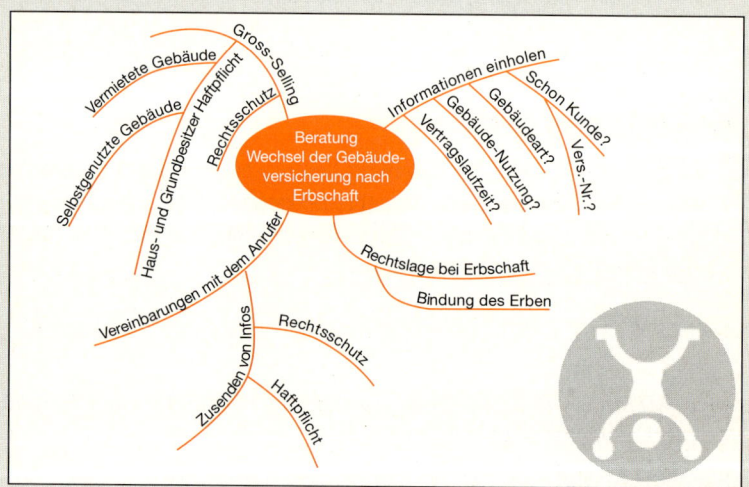

---

[1] Vgl. S. 24 ff.

Hier können Sie sich weitergehend informieren:

Günther, Ullrich/Sperber, Wolfram: Handbuch für Kommunikations- und Verhaltenstrainer. Ernst Reinhardt Verlag. 2. Auflage. München 1995

Sachwortverzeichnis

Bildquellenverzeichnis